LES
JEUNES VOYAGEURS
EN ASIE,

PREMIERE PARTIE,

CONTENANT LA TURQUIE D'ASIE, L'ARABIE,
LA PERSE ET L'INDE.

TOME TROISIÈME.

PARIS, IMPRIMERIE DE GAULTIER-LAGUIONIE,
HÔTEL DES FERMES.

LES
JEUNES VOYAGEURS
EN ASIE,

OU

DESCRIPTION RAISONNÉE

DES DIVERS PAYS COMPRIS DANS CETTE BELLE PARTIE
DU MONDE,

Contenant des détails sur le sol, les productions, les curiosités,
les mœurs et coutumes des habitans, les hommes célèbres
de chaque contrée, et des anecdotes curieuses.

*Avec une Carte générale de l'Asie, six Cartes particulières,
et seize Gravures en taille-douce.*

Par P. C. Briand,

Auteur des Jeunes Voyageurs en Europe.

TOME TROISIÈME.

A PARIS,

CHEZ HIVERT, LIBRAIRE,
QUAI DES AUGUSTINS, N. 55.

1829.

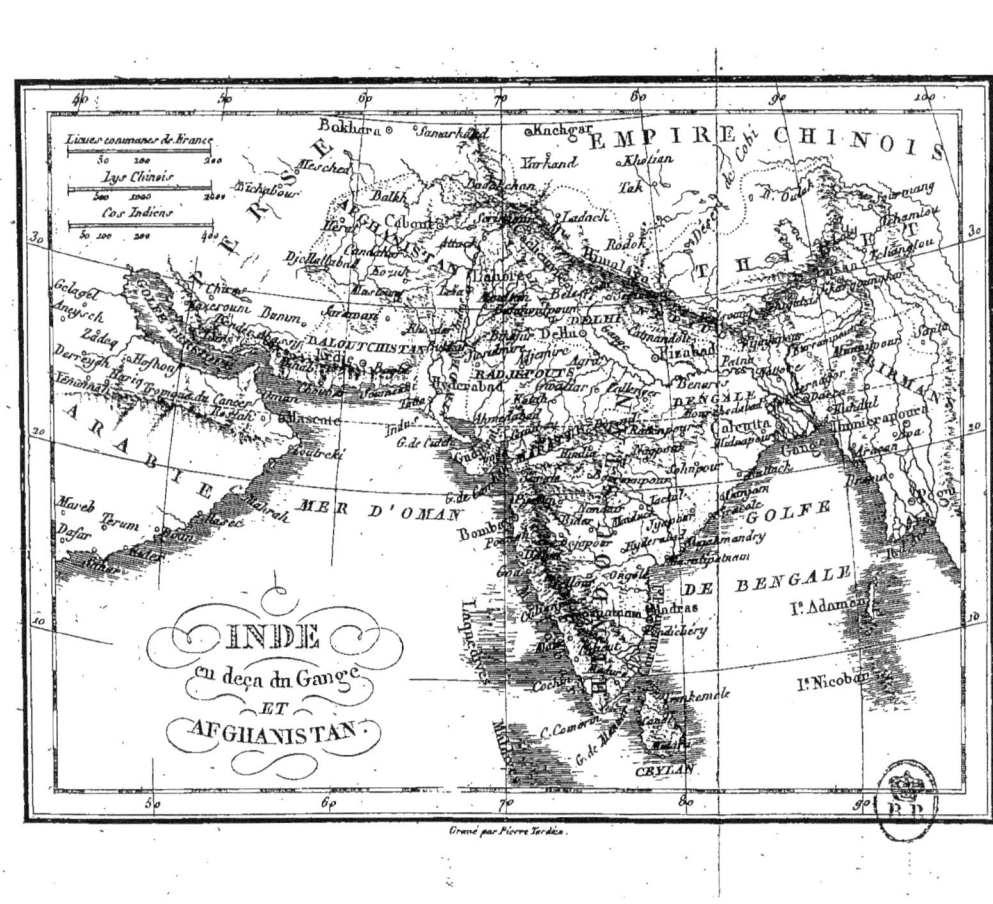

LES JEUNES VOYAGEURS

DANS

LA TURQUIE D'ASIE,

L'ARABIE, LA PERSE ET L'INDE.

LETTRE XII.

INDE EN-DEÇA DU GANGE, OU INDOSTAN.

Je crois vous avoir dit, madame, que l'Inde est divisée en deux parties. Ce sont deux presqu'îles, l'une en-deçà du Gange, communément appelée *Indostan*; l'autre au-delà du Gange, à laquelle on a récemment donné le nom d'*Indo-Chine*. L'Indostan dont je vais vous parler d'abord, parce que ce pays intéresse plus particulièrement, est généralement regardé comme le jardin du monde. Il est borné au nord par le royaume de Caboul, le Népaul et le Thibet; à l'ouest par la Perse et l'Océan indien; au sud par le même Océan; à l'est par le golfe de Bengale, et la presqu'île au-delà du Gange. Sa longueur est à peu près de six cents lieues, et sa plus grande largeur de l'est à l'ouest de cinq cents. Enfin sa forme est un triangle régulier. Ses principales rivières sont l'Indus, la Djumna, le Gange, le Nerbuddah, le Tapti, le Godavery, le Chichna, le Cavery, le Burrhampouter. Les seules montagnes élevées sont l'Himalaya, les Gates et les Vindhia.

La disposition des montagnes de l'Indostan a une grande influence sur la température de ce pays. L'Himalaya arrête les nuages qui viennent de la mer; ils se résolvent en pluie ou en neige, et entretiennent l'humidité qui contribue à la fertilité des plaines. Les vents qui passent sur le sommet de ces monts, rafraîchissent les mêmes pays que les eaux sorties de leurs flancs ont arrosés. Les monts Vindhia s'opposent à la marche des vents brûlans qui arrivent des déserts situés le long du Sind, et par leurs ramifications répandent de la variété dans la contrée.

La chaîne des Gates dans la péninsule est en quelque sorte la limite des saisons. Ces monts règlent le phénomène des moussons, et amènent, à des époques fixes et régulières, les pluies périodiques qui fertilisent les plaines du pays. Ainsi, par le cours et l'effet des pluies qui inondent successivement les contrées orientales et occidentales, l'été commence en juin sur la côte de Coromandel, et en octobre sur celle de Malabar. Les deux côtés opposés de la même péninsule offrent à la fois le phénomène de deux saisons diverses; et le paisible Indou, placé sur le cap Comorin, voit en même temps le soleil darder ses rayons sur les provinces qui sont à sa droite, et les pluies tomber à torrens sur celles qui sont à sa gauche. On ne connaît dans l'Indostan que deux saisons, la sèche et la pluvieuse.

Les Indous paraissent avoir, dès les temps les plus reculés, honoré et pratiqué l'agriculture; mais ils n'ont fait aucun progrès dans cet art. Les instrumens qu'ils emploient sont très imparfaits. Les bœufs et les buffles sont les animaux employés au labourage. La négligence des engrais est un défaut essentiel de l'économie rurale de ce peuple; l'interdiction prononcée par la religion contre l'usage de la nourriture animale, empêche d'élever une quantité suffisante de bestiaux. La bouse de vache qui pourrait être de quelque ressource, étant regardée comme sacrée, est appliquée à un emploi bien plus relevé que celui d'engraisser la terre. Indépendamment de son usage pour des motifs religieux, on en enduit les murs par ornement, et quand elle est sèche elle passe pour un excellent combustible. La seule partie de l'économie rurale des Indous, que l'on ne saurait trop apprécier, est l'irrigation, dans laquelle on déploie beaucoup d'habileté.

Le principal objet de culture est le riz; on y joint aussi le sorgho et les plantes légumineuses ; c'est ce qui forme la base de la nourriture. On ne sème le froment et l'orge que dans les cantons septentrionaux ou montagneux. Il se fait généralement deux récoltes chaque année, l'une de riz, l'autre de sorgho et de légumes farineux. Quelquefois il n'y en a qu'une, quelquefois aussi il s'en fait trois. Mais quand la pluie manque totalement, il survient une famine qui entraîne une suite de calamités d'autant plus grandes que dans ce pays, on ne sait ce que c'est que de faire des provisions pour les cas de nécessité.

Les autres produits de l'agriculture de l'Indostan sont le sucre, l'opium, le coton, le tabac, l'indigo, le poivre, la noix d'arek et la feuille de bétel, le cardamome, le lin, le chanvre, le safran, le sesame qui fournit une huile excellente, l'anis étoilé et beaucoup d'autres plantes.

Les forêts sont remplies d'arbres d'une grande utilité. On y trouve le tek, le sandal, le bois rouge, et une quantité d'autres qui servent soit pour la charpente, soit pour la teinture. Le figuier des Indes, le figuier des pagodes ou figuier religieux, le figuier du Bengale ou Pipal sont trois arbres consacrés pour la religion. Le figuier des Pagodes acquiert jusqu'à dix pieds de circonférence, et quelquefois davantage. Sa cime, formée de branches nombreuses, s'étend horizontalement ; ses feuilles sont irrégulièrement arrondies, à peine échancrées en cœur à leur base, légèrement sinuées en leurs bords, terminées par une pointe particulière et fort allongée. Les Indous ont une grande vénération pour cet arbre, parce qu'ils croient que leur dieu Wichnou est né sous son ombrage. Ils le plantent autour de leurs pagodes; et il n'est permis à personne de le couper.

Le pipal, autre arbre de pagode, s'élève sur un tronc fort gros, à une quarantaine de pieds; sa cime est très étendue, composée de branches nombreuses dont les inférieures donnent naissance à de longs jets cylindriques, pendans, nus, ressemblant à des cordes, s'enracinant dès qu'ils touchent la terre, de sorte que, dans les lieux où ces arbres croissent naturellement, leurs bifurcations et leurs entrelacemens rendent les passages très difficiles. Les Indous dirigent ces jets de manière à en former des arcades régulières, au-dessous desquelles ils placent leurs idoles, et ces espèces de berceaux leur servent de temples ou de pagodes.

Quant au figuier des Indes, son port et la manière singulière dont il se propage, ont toujours fait un objet d'admiration pour les voyageurs et les naturalistes. Il forme un grand arbre, toujours vert, qui subsiste pendant plusieurs siècles, et qui étend au loin ses branches, sans qu'on puisse en fixer la longueur; car elles donnent naissance, de distance en distance, à de longs jets resemblant d'abord à de minces baguettes, et descendant vers la terre pour y prendre racine. Bientôt après que ces jets sont fixés, ils forment des troncs semblables à la tige principale, et ceux-ci produisent, à leur tour, de nouvelles branches d'où descendent de nouveaux jets qui ne tardent pas à s'enraciner de la même manière, de sorte qu'un seul arbre, en s'étendant et en se propageant ainsi de tous côtés sans interruption, peut avec le temps former une petite forêt.

Le cocotier et les différentes espèces de palmiers embellissent les paysages, et fournissent aux habitans des fruits, des liqueurs, de l'huile, des cordages, du bois et beaucoup d'autres objets. Le bananier à petits fruits a toujours servi à la nourriture des Indous. Le bambou croît en abondance, et sert à la construction des habitations légères du pays. L'ananas se rencontre fréquemment. Nos arbres à fruits prospèrent dans le nord de l'Inde, tandis que, dans les parties méridionales, croissent le jacquier, le framboisier, le goyavier, le manguier, le tamarinier, et une multitude d'arbres, d'arbrisseaux et de plantes, tels que l'azedarach, le sambuc, le nagatalli, le sindrical illixora, le kadtoumaligou ou jasmin à grandes fleurs, et une foule d'autres remarquables par leurs belles fleurs. C'est du Bengale que nous vient ce rosier au feuillage vert et luisant qui fleurit sans discontinuer, et qui porte le nom du pays d'où il tire son origine.

Les forêts et les montagnes de l'Indostan sont peuplées d'une multitude d'animaux sauvages de diverses espèces. On rencontre quelquefois des troupes de plus de cent éléphans. Ces animaux s'apprivoisent assez facilement, et sont propres à toutes sortes de services. On les emploie à traîner des canons et des caissons d'artillerie, à soulever des fardeaux pesans, à mettre en mouvement de lourdes machines, ou à porter sur leur large dos une tente dans laquelle s'assied un grand personnage. On y voit aussi le rhinocéros, le buffle, le léopard, la panthère, le caracal, l'ours, le chacal, le loup, le tigre, l'hyène, et autres bêtes féroces qui rôdent tant dans les plaines que dans les montagnes.

Les singes se montrent partout en bandes nombreuses, et comme la superstition leur laisse une grande liberté, ils viennent jusque dans les endroits habités. Le midi de la presqu'île est infesté de chauves-souris qui ravagent fréquemment les vergers. La côte de Malabar a beaucoup de porcs-épics, ainsi que le pangolin que l'on apprivoise, et que l'on garde dans les maisons.

Les Indous font peu d'usage des chevaux, aussi ne s'occupent-ils point à en élever. Ceux que l'on a dans le pays viennent ordinairement des pays étrangers. On en élève cependant dans le Bengale; ils sont petits, mais excellens pour la course. Les ânes et les mulets ne sont pas non plus d'un emploi général; on rencontre quelquefois des troupes d'ânes sauvages, dans les parties du nord, où les chevaux et les dromadaires sont aussi très communs. On voit presque partout des moutons à grosse queue, des chèvres sauvages et domestiques, des porcs, des sangliers, des daims et des cerfs de plusieurs espèces, et beaucoup d'antilopes.

Le bœuf et la vache sont l'objet de la vénération des Indous. Le bœuf est attelé à la charrue, mais jamais il ne tombe sous la massue du boucher. L'attouchement d'une vache purifie de tous les crimes. Le coq et la poule, le paon sauvage, la poule sultane qui a de si belles couleurs, le perroquet, et une infinité d'autres oiseaux plus ou moins curieux; les vers-à-soie, et les abeilles presque toutes sauvages, tous ces animaux sont communs dans l'Indostan. On y voit aussi des serpens dont plusieurs sont dangereux, des crocodiles, des lézards, de grosses araignées, et d'autres reptiles et insectes extrêmement hideux.

Plusieurs rivières de cette région charrient de l'or, mais ce métal n'y est pas commun. Quelques mines d'or et d'argent se trouvent dans le Carnatic, le Bengale et le Golconde. Il y a aussi des mines de cuivre dans les provinces d'Agra et d'Adjimère. Mais ce qui fait la richesse de l'Indostan, ce sont les mines de diamans, qui se trouvent principalement dans la partie du territoire de cette vaste région, située entre le Crichna et le Pennar. C'était de là qu'on tirait les diamans de Golconde. Le pays de ce nom n'en a jamais fourni un seul; mais on les déposait dans le fort de Golconde, autrefois la citadelle de la capitale d'un grand royaume, ce qui sans doute a donné lieu de croire qu'ils venaient de ce pays.

Les autres pierres précieuses, telles que les rubis, les saphirs, les améthystes, les onix, les sardoines, les agates, se rencontrent soit dans le flanc des montagnes, soit dans le lit des rivières après les grandes pluies. Les montagnes offrent aussi des carrières de marbre et d'albâtre, ainsi que des mines de sel gemme. Plusieurs provinces ont des lacs d'eau salée que l'on exploite avec soin. Le Berar, le Bengale et quelques autres provinces fournissent du salpêtre dont une portion est employée à former le lest des navires.

Une région aussi immense renferme des habitans dont le caractère a nécessairement diverses nuances; on y trouve aussi une grande variété de coutumes, d'idiomes, de pratiques religieuses; mais on remarque des traits généraux qui rapprochent ces peuples. Leur stature n'est point inférieure à celle des Européens.

Ils ressemblent à ceux-ci par les traits du visage, les cheveux longs et plats, et ont le teint basané comme les Maures des côtes septentrionales d'Afrique. Leur corps est plus svelte, leurs membres plus minces, d'où vient qu'ils sont d'une souplesse et d'une agilité extrêmes.

On parle cinq langues principales dans l'Indostan, toutes dérivent du sanscrit. L'indostan est d'un usage général dans tout le pays, le bengali dans le Bengale; Le telinga dans la partie septentrionale de la côte de Coromandel, et depuis les rives de la Crichna jusqu'au sommet des monts Balaghats; le tamoul sur le reste de la côte de Coromandel et dans le Carnatic; et le malayalim ou malabar sur la côte de Malabar et dans le Travancore. Chaque province et chaque territoire a en outre son dialecte particulier, qui paraît dériver d'un de ceux qui viennent d'être indiqués.

Le brahmisme et l'islamisme sont les

deux principales croyances qui règnent dans l'Indostan. Le premier comprend les sept huitièmes des habitans; d'autres religions y sont aussi professées, mais ne comptent qu'un petit nombre de sectateurs. L'ancien système religieux des Indous ne paraît pas avoir admis la multitude des dieux auxquels ils rendent aujourd'hui un culte. Parmi les sectes qui se sont introduites dans cette religion, on remarque que les cinq principales n'adorent qu'un seul dieu sous des noms et des attributs différens. Chacune reconnaît les cinq divinités adorées par les autres, mais chaque partisan de ce système choisit une divinité pour objet de sa dévotion particulière, et honore les autres dans les occasions particulières. Les Indous rejettent l'accusation de polythéisme et encore plus celle d'idolâtrie. Ils expliquent le culte rendu aux images des esprits célestes de la même manière employée par les chrétiens catholiques pour rendre raison des saints et des saintes de pierre dont ils ornent leurs églises.

Suivant le récit mythologique de la création généralement adoptée par les Indous, Wichnou, l'une des cinq divinités, s'endormit sur le serpent Annate, ou l'éternité flottant sur un océan de lait. Quand l'œuvre de la création dut s'opérer, Brahma sortit d'un nénuphar croissant dans le nombril de Wichnou; il produisit les élémens, forma le monde, et donna l'existence à la race humaine. Des différentes parties de son corps naquirent les castes qui la composent. Les *brahmes* ou prêtres furent engendrés par la tête; les *chétris* ou guerriers par ses bras; les *vaïsias* ou marchands par son ventre; les *soudres* ou paysans par ses pieds. Cette division établit entre les Indous des différences si marquées que ces castes ne peuvent s'allier entr'elles ni manger ensemble. Chaque caste est si jalouse de ses prérogatives, si attachée aux usages qui lui sont propres, que si une caste inférieure s'avisait de vouloir l'imiter, dans les choses même les moins importantes, les deux castes en viendraient infailliblement à une rupture ouverte.

Cependant l'institution des castes n'est pas observée partout dans sa rigueur absolue. Le long des côtes maritimes où le commerce rapproche les hommes de différentes nations, les Indous commencent à s'éclairer, et l'intérêt mutuel ainsi que le choc des opinions tendent continuellement à confondre les castes diverses, et à effacer la ligne de démarcation qui les a si long-temps séparées. Ce n'est plus que dans l'intérieur du pays, où l'on a peu de communication avec les étrangers, que le système religieux et politique des Indous s'est conservé dans toute sa pureté.

La première caste est composée des brahmes qui, ainsi que les ministres de tous les cultes, se sont attribué le premier rang. Ils sont les prêtres, les docteurs de la religion, les dépositaires des livres sacrés. Ils se divisent en plusieurs classes; les uns sont investis de la juridiction spirituelle, les autres de la direction des cérémonies religieuses. Tous font leur principale étude de tromper le peuple par des mensonges et des impostures; ils ont des disciples affidés qui racontent au peuple des miracles dont ils assurent avoir été les témoins. C'est surtout lorsqu'il s'agit d'exciter ce peuple à faire des dons que le bruit des événemens miraculeux se répand avec plus d'éclat. Ces friponneries n'empêchent pas que presque tous les princes et les personnages considérables n'aient constamment près d'eux un de ces brahmes qui décident de toutes leurs actions et règlent le moment où ils doivent faire ou recevoir des visites, aller à la chasse où à la promenade.

Les brahmes peuvent exercer des fonctions temporelles. Il en est qui apprennent la langue anglaise, et entrent au service de riches négocians en qualité de caissiers, commis ou teneurs de livres; mais ceux qui sont employés par les Européens doivent, avant de rentrer chez eux, déposer leurs vêtemens, se baigner, et reprendre leur costume de brahme qui consiste en une simple pagne qu'ils doivent laver chaque fois qu'elle a servi.

La femme d'un brahme est vêtue d'une camisole étroite, et d'une pièce de toile qui l'enveloppe entièrement. Elle relève ce costume simple par une quantité de bijoux, et préfère ceux où il y a des grelots qui font du bruit quand elle marche. Tous les matins elle doit prier, se baigner et laver ses enfans. Elle prépare les repas et ne mange jamais en présence de son mari.

Indépendamment des différentes sectes dans lesquelles les brahmes sont partagés, il existe deux ordres d'ermites, de pénitens et de mendians qui ont totalement renoncé au monde, vivent dans les forêts, et ne se nourrissent que d'herbes et de fruits. L'institution de ces deux ordres remonte à la plus haute antiquité. Les lois de Menou ont réglé tout ce qui concerne leur discipline; elles indiquent les herbes, les racines, les fruits dont ils doivent se nourrir, les offrandes et les sacrifices qu'ils doivent faire, et même leur vêtement qui ne peut être que la peau d'une antilope noire ou d'une écorce d'arbre.

D'autres pénitens tels que les djoghis et les fakirs, etc., font vœu de vivre aux dépens du public, et parcourent le pays en mendiant. Les djoghis sont brahmistes, les fakirs sont musulmans, ils se ressemblent d'ailleurs par leur hypocrisie et leur audace. On les rencontre dans les rues, dans les marchés, les bazars, les promenades, les places publiques, enfin partout. Ces misérables, comme ceux que l'on voit dans les grandes capitales de l'Europe, se font de petites blessures au front, aux bras, aux jambes, afin d'apitoyer les passans, d'exciter la compassion des bonnes ames et d'en obtenir quelques aumônes. Quiconque se dévoue à cette vie vagabonde est sûr, sinon d'amasser des richesses, au moins de ne manquer de rien.

Parmi les pénitens de l'Indostan, il en est qui portent le fanatisme jusqu'à exercer sur eux-mêmes des actes de rigueur à peine croyables. Les uns couchent sur des épines et des cailloux, d'autres vivent dans des cages de fer, ou se chargent de chaînes pesantes. Ceux-ci se privent du service d'un bras ou d'une main, quelques-uns se coupent la langue. D'autres enfin poussent le délire jusqu'à se crever les yeux.

Il est aussi des femmes qui se vouent à des actes de pénitence; elles font vœu d'aller chercher de l'eau du Gange pour la porter à une pagode célèbre du cap Comorin. Cette pénitence est regardée comme la plus méritoire pour obtenir la rémission des péchés. Les femmes de haute caste, qui ne font point ce voyage en personne, paient pour le faire une autre femme à qui elles donnent une somme considérable.

Il y a des porteurs d'eau du Gange en titre. Les riches du Malabar passent des traités avec ceux qui font métier de leur en apporter, et la reçoivent toujours avec de grandes cérémonies. Pour constater qu'elle a été véritablement puisée dans le fleuve sacré, les porteurs ont soin de s'en faire délivrer un certificat par l'officier du lieu, qui en outre appose son sceau sur le vase dans lequel elle est renfermée. Tout Indou qui n'est pas hors de caste, peut se faire porteur d'eau du Gange.

La seconde caste, celle des chétris ou guerriers, a donné des souverains à l'Indostan, quand ce pays était indépendant. Ils sont généralement grands, bien faits, robustes, vigoureux, et l'emportent sur leurs compatriotes par leurs qualités personnelles. Ils sont braves, actifs, hardis, doués d'un caractère élevé et énergique, et pénétrés du sentiment de l'honneur militaire. Ennemis de la discipline et de ses rigueurs, ils n'entrent qu'avec répugnance dans l'armée anglaise à qui le pillage n'est point permis. Les femmes de cette caste, la moins nombreuse de toutes, particulièrement dans le Bengale, sont jolies et fortement constituées.

Les chétris qui servent dans les armées étrangères, n'en observent pas moins les cérémonies prescrites à leur caste. Cependant, moins superstitieux que les autres Indous, ils se familiarisent avec les Mahométans. Quelques tribus de chétris, particulièrement les marahtes, ont secoué en grande partie un joug si peu convenable à la profession militaire.

Comprimés par l'ascendant qu'ont pris les étrangers et par la puissance des marahtes, les chétris sont aujourd'hui bien déchus de leur ancienne puissance; ils forment cependant encore plusieurs états indépendans dans la péninsule de Guzarate, et dans quelques autres parties du pays. Ceux qui habitent des villages, ont devant leurs maisons des bazars dont ils tirent un bon revenu, en faisant payer un droit à quiconque vient y vendre des marchandises. Les pagodes près desquelles se célèbrent les fêtes sont aussi placées aux environs de leurs demeures.

Les radjahs sont les princes indous, comme les nababs sont les princes mahométans. Ils gouvernent despotiquement, et amassent de grandes richesses par leurs exactions. Ils possèdent toutes les terres, et au temps de la récolte, ils font enlever tout le grain, et laissent à peine aux malheureux cultivateurs de quoi subsister. Les radjahs sont ordinairement pris dans la deuxième caste; cependant on a vu des soudres même parvenir au trône; mais ceux-ci n'ont pas pu s'élever au-dessus de leur caste en raison de leur dignité. C'est pourquoi il y a des princes dont les cuisiniers se croiraient déshonorés, et le seraient en effet, s'ils mangeaient avec leurs maîtres.

L'habillement des radjahs consiste en de longues robes de mousseline. Ils prodiguent les broderies, l'or et les pierreries dans leur parure. Leur turban diffère essentiellement de celui des musulmans, en ce qu'il se termine en pointe par derrière. Un nombre plus ou moins grand de femmes, de domestiques, d'éléphans et de chevaux, constitue le luxe des radjahs. Ils rassemblent à leur cour des savans, des danseurs, des danseuses, des musiciens, des chanteurs, des bateleurs, etc. Des serviteurs se tiennent ordinairement derrière eux, et agitent l'air avec des éventails de plumes de paon, pour chasser les mouches.

Le plus ou moins de considération que les Indous ont pour les radjahs se mesure sur leur embonpoint; en conséquence ils font tout ce qu'ils peuvent pour engraisser. Ils mangent beaucoup de ghi., ou beurre fondu dans du lait; leur teint est plus clair que celui des autres Indous. Toute espèce de nourriture animale leur est défendue comme aux brahmes. Ils se baignent plusieurs fois le jour; et se frottent d'huile de sénevé, avant d'entrer dans le bain. Pendant ces fonctions, ils récitent des passages des livres sacrés.

La pagne des épouses des radjahs, et de toutes les femmes riches, n'est pas de simple toile de coton comme celles des femmes du commun, à moins qu'elles ne soient en deuil. Elles s'enveloppent des plus belles mousselines ou d'étoffes de soie. La pièce est assez longue pour qu'après avoir fait deux ou trois tours, elle puisse encore former une écharpe qui couvre l'estomac, puis la tête, et enfin le côté. Tout cela est si bien ajusté, que toutes les parties du corps sont cachées à l'exception des pieds, d'une petite partie du visage et du dessous du sein.

Toutes les femmes, de quelque rang et et condition qu'elles soient, vont les pieds nus. Elles y sont tellement accoutumées, que les ronces, les cailloux, la chaleur brûlante de la terre, ne les incommodent pas ; et que celles des basses castes font ainsi très lestement des voyages longs et très pénibles. Les femmes riches ornent leurs bras et leurs mains de bracelets et de bagues. Elles se passent des anneaux dans le cartilage du nez, suspendent de larges pendans à leurs oreilles, se parent le cou de plusieurs colliers, et chargent aussi d'ornemens le bas de leurs jambes et leurs pieds.

La troisième caste, celle des vaïsias, s'occupe de l'agriculture, du jardinage, de l'éducation du bétail, du commerce des productions de la terre et des marchandises manufacturées. Comme ils sont ordinairement riches, ils sont bien vêtus, et ont un nombreux domestique. Ceux qui font le commerce de détail, assis nonchalamment sur des nattes ou sur un tapis, fument continuellement le houkah, qui est une longue pipe, ou mâchent le bétel et s'éventent en attendant les chalands. Quand il se présente un acheteur, ils étalent leurs marchandises qu'ils ne vendent pas à crédit. Comme ils ne pourraient en voyage observer strictement toutes les pratiques minutieuses de leur religion, on en rencontre fort peu dans le Bengale. Ils ont des commis qui parcourent le pays et font leurs achats. Ces commis voyageurs sont la plupart nés dans la partie méridionale de l'Indostan; ce sont communément des Parsis, des Arméniens ou des Grecs.

Les vaïsias étaient autrefois exempts du service militaire; mais depuis que les princes indous entretiennent des armées soldées, ils s'y enrôlent en grand nombre. Ceux qui font le commerce portent le nom de banians. Les vaïsias, de même que les autres castes, se divisent en plusieurs classes de main droite et de main gauche. L'usage de la viande ne leur est pas défendu.

La quatrième caste, celle des soudres, est composée des artisans, des ouvriers et des serviteurs; elle est, comme les autres, partagée en plusieurs classes. Chaque profession en forme une particulière, dont on ne peut pas sortir. Les soudres sont en général méprisés par les trois autres castes; cependant, à l'exception de ceux qui remplissent des fonctions réputées viles, telles que celles de porchers, de vidangeurs, de fossoyeurs, etc., que les autres fuient avec horreur, le soudre dont la conduite est irréprochable, et qui observe exactement les rites religieux de sa caste, ne manque pas d'obtenir l'estime des Indous avec lesquels il a des relations. D'ailleurs, comme dans tous les pays la fortune finit par l'emporter sur les distinctions, la prééminence, accordée dans les livres sacrés aux vaïsias sur les soudres, est devenue un objet de discussion. Les soudres qui dans plusieurs cantons ont acquis des richesses, ne reconnaissent pas entièrement la suprématie des vaïsias, et réclament une supériorité de rang que le public est assez disposé à reconnaître.

Les Indous ont divers livres sacrés dont les principaux sont les *Vedas*, écrits en vers, ou plutôt en stances de mesures différentes. La lecture n'en est permise qu'aux brahmes. Toute autre caste qui se permettrait de les lire commettrait un péché irrémissible. C'est dans les Vedas que les brahmes apprennent à lire ; ils acquièrent par cet exercice l'habitude de les répéter par cœur, sans faire aucune attention au sens.

La vie journalière d'un Indou admet peu de variété ; chaque action étant pour ainsi dire prescrite par une loi sacrée, il suit machinalement la règle. Le riz est la principale nourriture, le cary, le mets le plus en usage. On appelle cary un ragoût de poisson et de viande qui se prépare de diverses manières. Les castes qui s'abstiennent de toute nourriture animale, y substituent le beurre, le lait, le sucre, les racines, les fruits et les plantes potagères. On mange avec le cary du riz cuit à l'eau. Le soir c'est du moulikitaux, sorte de soupe à peu près composée des mêmes ingrédiens. Ces mets sont fortement épicés, ce qui est jugé nécessaire à la santé.

Les Indous, à quelques exceptions près, ont les mêmes usages que les Orientaux qui ne se servent ni de siéges ni de tables. Ils s'asseyent les jambes croisées sur des tapis, des coussins ou des nattes de jonc; ils n'ont ni couteaux, ni cuillères, ni fourchettes. Dans les castes supérieures, les femmes ne mangent pas avec les hommes.

Les mœurs des Indous sont généralement douces; ils sont modestes, prudens, polis, dociles, obligeans. Leur visage exprime l'impassibilité : ils aiment beaucoup la conversation, les plaisanteries, les bons mots, et surtout les récits merveilleux. Ils passent une journée entière à délibérer, et mettent ensuite plus de lenteur à agir qu'ils n'en ont apporté à prendre une résolution. Sujets à manquer de parole, ils emploient sans répugnance le mensonge et la ruse. Le trait le plus distinctif de leur caractère est la patience.

La piété filiale est une des vertus que les Indous pratiquent avec le plus de zèle et d'exactitude. On voit souvent parmi eux des enfans se priver du nécessaire pour que leurs parens ne manquent de rien. A la mort du père de famille, le fils aîné le remplace; ses frères ont pour lui le respect et la soumission qu'un père a droit d'attendre de ses enfans; sa mère même lui est en quelque sorte soumise, ce qui tient à l'usage du pays de tenir les femmes dans une perpétuelle dépendance et dans l'ignorance la plus complète.

Les parens sont obligés de marier leurs filles entre sept et neuf ans, et les garçons entre douze et quatorze. La femme doit être non-seulement de la caste du mari, mais aussi de la même famille. Il y a plusieurs sortes de mariages : celle qu'on nomme le *gandava* n'exige que le consentement des époux sans aucune cérémonie ; mais ordinairement la demande se fait en règle. Le jour du mariage fixé, les époux richement vêtus sont promenés en palanquin dans les principales rues, accompagnés de leurs parens et de leurs amis, les uns à cheval, les autres montés sur des éléphans, et précédés de musiciens et de danseuses. Ces processions pompeuses se font ordinairement le soir, ce qui donne lieu à des illuminations et à des feux d'artifice. La cérémonie du mariage n'a lieu que le lendemain. Elle se fait en présence d'un brahme, qui reçoit du mari le serment de bien soigner son ménage, et le présent d'usage.

Si la mariée n'est pas nubile, et ordinairement elle ne l'est pas, elle retourne à la maison paternelle, où elle continue de vivre jusqu'à ce qu'elle le soit devenue. A cette époque on célèbre une nouvelle fête, qu'on nomme le **petit** mariage, et dans laquelle on fait les mêmes cérémonies. Ce n'est que lorsqu'une femme est devenue mère qu'elle peut habiter avec son mari ; jusque-là elle doit attendre l'ordre de sa belle-mère, encore faut-il qu'elle se glisse dans la chambre sans être aperçue, et comme à la dérobée. A la première grossesse, au septième mois ce sont de nouvelles fêtes ; il y en a aussi à la naissance de l'enfant, et comme les brahmes y président, et qu'il leur revient des présens, ils ont soin de les multiplier.

Dans les basses castes, les cérémonies sont plus simples : il suffit, pour que le mariage soit légal, qu'elles aient lieu en présence du chef de la tribu. Presque tous les Indous se marient. C'est un devoir prescrit par la religion, et le mariage est regardé comme une des plus belles et des plus saintes actions de l'homme. Mais les égards que l'on a pour les femmes ne répondent point à la haute idée que l'on a du lien conjugal. Elles ne sont pas même regardées comme les compagnes de leurs époux. Le mari qui cause familièrement avec sa femme est méprisé par elle-même. Il encourt le reproche de suivre les usages des Européens.

Cette même femme, qui est si fière, n'est proprement que l'esclave de son époux. Indépendamment de l'autorité conjugale, elle est encore soumise à celle de sa belle-mère, qui forme ordinairement partie de la famille, et qui en exige une obéissance implicite. Ce double joug devient quelquefois si insupportable que la malheureuse épouse retourne à sa famille. Alors le mari et la belle-mère, qui ne peuvent se faire à l'idée d'un ménage sans épouse, sont obligés d'aller la solliciter de revenir, et usent ensuite de meilleurs procédés à son égard.

Mais ce qui est infiniment plus horrible que toutes ces tracasseries, c'est qu'une femme, après avoir fait le sacrifice de toutes ses volontés, pour obéir aux caprices d'un époux qui l'a rendue malheureuse, soit encore obligée de sacrifier sa vie sur le bûcher qui doit le consumer, s'il vient à mourir, tandis que le mari, à la mort de sa femme, ne perd pas un moment pour choisir une autre compagne. Ce sacrifice de la femme est si cruel et si inhumain, si contraire au simple bon sens, qu'on ne peut concevoir comment l'usage s'en est introduit.

Les cérémonies des funérailles indiennes varient suivant les castes. Dès qu'un riche Indou est décédé, les parens s'assemblent pour procéder aux obsèques. On se hâte de lui rendre ce dernier devoir, parce que les personnes de la maison et même les habitans du voisinage ne peuvent prendre aucune nourriture que le cadavre n'ait été enlevé. Quelques-uns vont construire hors de la ville ou du village le bûcher sur lequel le corps du défunt doit être brûlé. Pendant ce temps, la maison retentit des lamentations et des cris funèbres que poussent les femmes et des pleureuses à gages.

Lorsque l'heure du convoi est arrivée, quatre parias enlèvent le corps pour le transporter hors de la ville. Le cadavre est placé sur son séant, et fortement attaché dans une chaise à porteurs. Des musiciens ouvrent la marche et sont suivis des brahmes; ensuite viennent les parens et amis du défunt. A l'approche du bûcher, on pince le nez du mort, on lui touche l'estomac pour s'assurer qu'il ne donne aucun signe de vie; on lui jette de l'eau sur le visage; on fait retentir à ses oreilles le bruit des tambours et des trompettes, afin de le réveiller s'il n'est qu'endormi.

On dépose ensuite le corps sur le bûcher après l'avoir dépouillé de ce qu'il avait de précieux. Ce sont des parens qui remplissent ce triste ministère. Ils jettent sur le bûcher du riz, du ghi, du fruit, du bétel et de la bouse de vache. Le chef de la famille met le premier feu ; il doit tourner le dos et porter sur son épaule un vase plein d'eau. Dès que le feu a pris, il laisse tomber le vase, et court se purifier dans la rivière ou dans l'étang voisin. Les autres parens achèvent de mettre le feu, et le cadavre est consumé au milieu des cris, du son des instrumens et des chants funèbres.

Lorsque le bûcher est éteint, on l'arrose de lait, et l'on va jeter les cendres dans une rivière ou dans un étang. Quelquefois ces cendres sont transportées dans les fleuves sacrés, tels que le Gange, la Crichna, la Djumna et autres. Souvent même on abandonne les cadavres au courant des eaux, où ils servent de pâture aux crocodiles. Souvent aussi, lorsqu'un Indou est près de mourir, ses parens et ses amis l'exposent sur les bords de ce fleuve, et le flux qui le fait déborder enlève et engloutit le moribond avant qu'il ait rendu le dernier soupir. Celui-ci, au lieu de se retirer, emploie ses forces défaillantes à se rapprocher du fleuve, afin d'avoir le bonheur d'expirer dans ses eaux saintes. On en voit cependant qui cherchent à se sauver et qui y réussissent : sans doute que d'avides héritiers les ont exposés malgré eux, ou l'approche de la mort les a effrayés; mais ceux qui échappent ne peuvent plus rentrer dans leur caste. Les brahmes ont aussi le pouvoir de dévouer les malades à la mort, et ils ne manquent pas d'en user lorsque leur intérêt les guide. Cet horrible abus coûte chaque année la vie à un nombre incroyable de victimes.

Les religions connues dans les diverses parties du monde recommandent ou prescrivent des pénitences, et même des austérités; le brahmisme seul permet, autorise, conseille le suicide. On voit fréquemment les sectateurs de ce culte, entraînés par la plus abominable superstition, se dévouer à la mort. Le suicide est soigneusement représenté par les brahmes comme le plus méritoire de tous les actes aux yeux de la Divinité. L'exemple le plus remarquable de ces sortes de sacrifices est celui des veuves qui se brûlent sur le bûcher de leurs maris. Combien de mensonges, d'impostures ont dû employer les brahmes pour déterminer de jeunes femmes à quitter la vie!

Parmi les autres genres de suicide qui déshonorent la religion brahmique, on remarque celui qui porte des fanatiques à se faire écraser sous les roues du char d'une divinité. D'autres se noient volontairement dans le Gange, particulièrement au Prayaga, ou à son confluent avec la Djumna, et à l'île de Sangor, où le bras qui porte le nom d'Hougly s'unit à la mer. La plupart de ces victimes sont poussées à se détruire ainsi par l'espoir des récompenses que la religion leur promet dans une autre vie. Un autre moyen de destruction est l'infanticide. Les parens qui ont été long-temps sans avoir d'enfans vouent leur premier né au Gange. On attend que l'enfant soit parvenu à l'âge de trois ou quatre ans. Alors on le mène sur les bords du fleuve, comme pour l'y faire baigner, puis on le pousse au-delà de l'endroit où il peut prendre pied, et on l'abandonne au courant.

Ces écarts déplorables sont dus en partie à la doctrine de la métempsychose, et aux dogmes du branmisme sur l'état des ames après la mort. L'idée de la transmigration est toujours présente à l'esprit des Indous, et leur conversation est remplie d'allusions qui y ont rapport. La métempsychose leur sert à expliquer pourquoi les uns sont heureux, les autres malheureux.

S'ils voient un animal traité durement, ils disent que c'est par expiation des péchés commis sous une autre forme. Si quelqu'un est accablé de maux, c'est, disent-ils, une punition des crimes de sa vie antérieure. La croyance à la métempsychose leur inspire de l'horreur pour toute nourriture animale. Les gens pieux craindraient, en tuant un animal, en écrasant même un insecte, d'ôter la vie à leur père ou à quelqu'un de leurs parens. Les brahmes ne sont pas assez dupes pour avoir les mêmes craintes, mais ils ont grand soin de les témoigner en public.

La vache est le plus honoré des animaux ; elle est consacrée à tous les dieux. Quiconque se permettrait de tuer une vache dans un pays soumis aux Indous, serait infailliblement condamné à mort. On n'en emploie pas moins la vache et le bœuf aux travaux les plus pénibles, et quand ils se ralentissent, on les ranime à coups de fouet ou de bâton. Le vautour est consacré à Vichnou ; le cygne et l'oie qui ont servi de nourriture à Brahma, et une infinité d'autres animaux ont part à la vénération des dévots. Malgré ce respect pour ces brutes, on en sacrifie aux dieux. Le buffle et le mouton sont les victimes : on étrangle ce dernier dans la grande offrande qui se fait aux étoiles avec beaucoup de pompe. Quand l'animal est mort, on fait rôtir le cœur, et on le coupe en petits morceaux que l'on distribue aux principaux brahmes. C'est la seule occasion dans laquelle ils mangent ou sont censés manger de la viande.

Les offrandes aux dieux consistent communément en lait, eau, miel, grains et fleurs. On les leur présente dans les temples ou pagodes, dont la quantité est innombrable. Un simple village est regardé comme inhabitable, s'il n'y en a pas au moins un. On en érige aussi dans les déserts, sur le sommet des montagnes ; ils sont ordinairement bâtis et dotés par des princes ou des personnages riches, soit par piété, soit par ostentation. Ceux qui cherchent à se distinguer s'efforcent plutôt de multiplier le nombre des constructions que de les rendre magnifiques. La splendeur et la grandeur de ces édifices ne sont nullement en harmonie avec les habitudes de dévotion du peuple. Plusieurs ne consistent qu'en une seule pièce suffisante pour contenir le dieu, les ustensiles nécessaires à son service et ses ministres.

Leur entretien, ainsi que le salaire des brahmes attachés à leur service, est payé par les familles qui les ont érigés, ou par le produit annuel des terres, des maisons et même des villages concédés à cet effet. Le revenu du temple de Jagrenat est, dit-on, de plus de deux cent cinquante mille francs.

Quand les temples sont érigés, on y place l'image du dieu auquel ils sont consacrés. Les idoles des grandes divinités et celles que font faire les adorateurs opulens sont en or, d'autres en fer, en cuivre ou autres métaux ; les pauvres n'en ont que d'argile. L'image faite, il s'agit de lui infuser la vie. Le soir du jour qui précède la cérémonie, on lui présente des fruits, des fleurs, de l'argent, et d'autres choses, pendant que le brahme lui touche le front et les différentes parties du corps, en récitant des invocations à la divinité pour l'inviter à venir habiter son image. Alors elle devient le dieu lui-même ; concevoir le moindre doute sur ce point serait un péché des plus graves.

Les brahmes destinés à présenter les offrandes tiennent le premier rang parmi les ministres du temple. Il y a aussi des cuisiniers chargés de préparer les repas du dieu, que l'on suppose avoir grand appétit, et dont les serviteurs tiennent la place en cas de besoin. Enfin, il faut aussi une troupe de musiciens, des chanteurs et des danseurs pour les jours de fête ; car de tout temps le son des instrumens, le chant et la danse se sont associés dans l'Indostan aux cérémonies religieuses.

Les *devedassis* y jouent le principal rôle. Ce sont de jeunes filles que leurs parens ont consacrées dès l'enfance au service des temples, soit pour acquitter un vœu, soit dans la vue de s'épargner les frais de leur éducation. Pour être admises, il faut qu'elles soient jolies, bien faites et d'une bonne constitution. Lorsque la jeune fille, qui ne doit pas avoir été promise en mariage, est menée au temple, les devedassis, après l'avoir baignée dans le réservoir du parvis sacré, lui mettent des vêtemens neufs, et la parent de bijoux. Le grand-prêtre lui présente l'image du dieu, sur laquelle elle jure de se dévouer pour jamais à son service. Ensuite on lui perce le lobe des oreilles, et on lui imprime avec un fer chaud le sceau du temple où elle est reçue; dès ce moment elle lui appartient.

Toute pagode un peu richement dotée

a un grand nombre de devedassis. Le temple de Jagrenat n'en compte jamais moins de six cents ; leur subsistance, leur habillement et leur pension sont assignés sur les revenus de la pagode. Lorsqu'elles se retirent à cause de leur âge, ou pour d'autres motifs, elles sont tenues de rendre les objets de simple ornement.

Les brahmes leur enseignent à lire, à écrire, à chanter et à danser. Ils leur enseignent surtout à relever, par tout ce que la coquetterie a de plus séduisant, les graces et les appas dont la nature les a pourvues. Elles sont chargées de prendre soin du temple, elles allument les lampes, chantent et dansent, dans les jours solennels, devant la statue du dieu. Elles servent aux plaisirs des brahmes, et ont aussi de riches amans qui les comblent de dons. Dans leur jeunesse, elles vivent avec un grand éclat, et quand leur beauté commence à se flétrir, elles trouvent des dévots qui les épousent préférablement à d'autres femmes, par la raison qu'elles ont eu l'honneur d'être consacrées à la Divinité.

Les *cameni*, ou bayadères, sont une autre classe de danseuses; elles reçoivent la même éducation que les premières, mais ne sont pas exclusivement attachées au service d'un temple. Un homme riche, Indou ou Musulman, ne donne pas une fête où elles ne soient appelées. Les Orientaux, pour qui ces danses sont une source de délices inexprimables, comblent ces femmes de largesses. Quelques grands personnages entretiennent à leur service une troupe de bayadères. L'art de plaire est toute la vie, toute l'occupation, tout le bonheur de ces danseuses; c'est à peu près l'usage de nos filles de l'Opéra.

Il est impossible à un étranger de se faire initier à la religion de Brahma. Ses sectateurs ne paraissent pas jaloux de faire des prosélytes. Toute leur attention se borne à veiller à ce que ceux qui l'ont professée, ne l'abandonnent pas. Les Indous ne permettent, ni aux étrangers, ni aux castes impures de pénétrer dans l'intérieur de leurs temples; et ils regardent tout pays situé au-delà des limites de leur patrie comme profane. Tout Indou qui franchit le Sind, à Attock, est censé avoir renoncé au culte de Brahma.

Entre les quatre castes primitives et les parias qui sont entièrement rejetés de la société comme en étant le rebut, il existe des classes bâtardes, espèces de tribus mixtes qui descendent des Indous qui ont contracté des mariages illicites. Ce sont les *barous senker* et les *arnas sinkia*. Elles sont souffertes, mais elles ne communiquent avec aucun individu des castes privilégiées. C'est après eux que viennent les *parias*, qui, dans quelques provinces, sont appelés chandelas. Cette classe est composée de tous les Indous chassés de leurs castes, et des descendans des malheureux qui ont encouru la proscription. Ils ne forment point une caste ; le mot *paria* est une dénomination générale qui exprime ce qu'il y a de plus mauvais et de plus vil. On peut l'appliquer à tout : par exemple un mauvais prêtre est un *paria brahman*, une mauvaise maison est un paria-gor, etc. Les Européens, les Musulmans sont considérés comme parias, parce qu'ils mangent de la viande, et qu'ils ne refusent pas de communiquer avec ces infortunés.

Le sort des parias n'est pas le même dans toutes les parties de l'Indostan. A la côte de Malabar, ils sont réduits au dernier degré d'abjection, tandis que dans d'autres cantons ils jouissent de la tolérance due à l'homme. On les emploie à nettoyer les égouts, à enlever les ordures et les immondices, ainsi qu'aux travaux les plus rudes de l'agriculture ; mais tout ce qu'ils touchent ne peut servir à aucune des castes sans avoir été purifié. La flétrissure imprimée sur ces êtres infortunés a détruit chez eux tout ce qui peut rendre l'homme recommandable. Ils sont plongés dans tous les vices et d'une extrême malpropreté ; mais en les prenant jeunes, on peut en faire de bons domestiques; cuisiniers, palefreniers, pêcheurs, porteurs de palanquin, ils sont propres à ces divers emplois et n'en refusent aucun. Quelques Européens en prennent à leur service, mais ceux qui désirent jouir de quelque considération parmi les Indous, ou qui sont dans le cas de recevoir des visites de personnages des castes supérieures, doivent s'abstenir d'avoir des parias dans leur maison. Ainsi la bienséance se trouve en opposition avec l'humanité.

Indépendamment de ces principales divisions des habitans indigènes de l'Indostan, il s'en est, par la suite des temps, formé d'autres qui, par la puissance qu'elles ont acquise, ont rivalisé les plus hautes castes. Les principales sont les Marahtes, les Pindaris, les Naïrs et les Seiks.

La plus remarquable par le rôle politique qu'elle joue, est celle des Marahtes, qui probablement seraient devenus maîtres de l'Inde s'ils n'avaient pas eu les Anglais pour concurrens. Ils ne sont pas égaux aux Chétris, mais ils sont assez considérés pour pouvoir communiquer avec les brahmes. Cette position intermédiaire qui leur donne la facilité d'avoir des rapports avec les Indous de toutes les classes, n'a pas peu contribué au succès de leurs entreprises. Ils auraient peut-être entièrement secoué le joug brahmiste, si dans l'origine de leur puissance ils avaient eu l'instruction propre à remplir les emplois civils ; mais leur ignorance les a obligés à les confier aux brahmes qui, plus habiles, se sont rendus nécessaires, et sont devenus les plus influens à la cour des princes marathes.

Ces peuples habitaient originairement la partie nord-ouest du Décan, qui comprend la province de Kandeisch, et une portion de celles du Berar et d'Aurengabad. Ils commencèrent à figurer dans l'histoire de l'Inde sous le règne d'Aureng-Zeb, en 1664; vers le milieu du dix-huitième siècle, ils descendirent de leurs montagnes, et étendirent rapidement leur domination. Après avoir conquis presque toute la partie méridionale, ils tournèrent leurs armes vers le centre de la péninsule; ils s'emparèrent d'Agra, et eurent alors à combattre les troupes d'Ahmed-Chah, roi de l'Afghanistan, qui les défit si complétement qu'il arrêta leurs progrès. Comme ils s'étaient trop agrandis, la discorde les désunit; plusieurs chefs se déclarèrent indépendans, et ils ne reconnurent plus que de nom l'autorité du Peichewa, leur chef suprême. Depuis cette époque, ayant été en guerre avec les Anglais, leurs meilleures troupes ont été détruites, et le peichewa, Scindiah et Holkar, leurs princes, se sont vus réduits à la condition de tributaires. Il paraît qu'ils ont déjà levé de nouveau l'étendard de l'indépendance.

Les Marahtes se regardent comme étant dans un état de guerre régulier. Tous les ans une campagne a lieu. A la fin de la mousson du nord-ouest, le djhounda, grande bannière de guerre du prince, est arboré, les tentes se dressent, un camp se forme, alors on annonce aux troupes leur destination. Quand on campe, un petit drapeau blanc désigne la place de la tente du radjah ; les pavillons des différens bazars ou marchés sont ensuite plantés, et les boutiques, rangées sur deux lignes parallèles, forment une rue qui s'étend du front de l'armée jusqu'à l'arrière-garde. Les chefs campent à droite et à gauche du bazar. Les hommes, les chevaux, les bestiaux sont pêle-mêle partout où il y a de la place. La cavalerie fait la principale force de l'armée ; le gouvernement passe un marché avec un propriétaire de chevaux qu'on nomme silledar, et qui amène un certain nombre de cavaliers tout montés.

Une armée marahte en mouvement compose un corps immense, en raison des gens attachés à sa suite, dont le nombre est triple de celui des combattans. Toutefois il n'en résulte aucune difficulté pour les subsistances. Des marchands de blé la précèdent toujours, ramassent la quantité de grain nécessaire, et le revendent en détail à un prix très modéré. Tous les autres objets se vendent dans les bazars.

Les Marahtes évitent autant qu'ils peuvent d'en venir à une bataille rangée, ils aiment mieux harasser l'ennemi par une guerre de poste et le pillage. Le soldat, quoique brave, préfère toujours un mouvement rétrograde à la marche en avant; il craint de perdre son cheval, l'unique soutien de sa fortune ou de la place qu'il occupe dans le monde. Tant qu'il le conserve, il est sûr, quelque chose qu'il lui arrive, de trouver aisément un maître et une paie.

Une autre race qui s'est récemment fait connaître pendant les troubles qui ont amené la chute de divers états de l'Indostan, est celle des Pindaris. Leur nom a d'abord paru dans l'histoire des Marahtes, comme de gens formant une troupe irrégulière à la suite de leurs armées. Ils sont musulmans, et considèrent comme étrangers tous les hommes d'une autre croyance qu'ils admettent dans leurs rangs. Ce sont des compagnies de pillards organisées et chez lesquelles ce métier est héréditaire. Il y en a de semblables dans toutes les parties de l'Indostan, mais aucune n'est aussi considérable que celle des Pindaris. Ils occupent le pays rempli de montagnes et de défilés, qui est situé au nord du Nerbuddah. Leur force principale consiste en cavalerie. Leurs chevaux sont petits, vifs robustes, et ils mettent le plus grand soin à les conserver.

Dans les marches comme dans les campemens, les Pindaris n'observent d'autre ordre que celui de ne point séparer les diverses tribus; ceux qui sont unis par les liens de parenté se tiennent toujours près les uns des autres. Ils ne songent à combattre que quand ils se croient sûrs d'accabler l'ennemi par l'avantage du nombre. S'il arrive que l'on fonde sur eux, ils prennent promptement la fuite, à l'exception d'un petit nombre qui emploie tous les moyens pour faciliter la retraite des autres. Ce sont de véritables barbares qui dans leurs incursions laissent partout des traces de leur passage. Non contens de brûler les villages, ils en mutilent et torturent les malheureux habitans. Leurs ravages ont pendant un temps fait craindre que l'Indostan ne devînt un désert, mais une longue impunité les ayant enhardis à attaquer les possessions de la Compagnie des Indes, le gouvernement britannique prit des mesures si vigoureuses qu'il y a apparence qu'ils ne seront pas de long-temps en état de troubler la paix.

Sur la côte méridionale du Malabar

sont les *Naïrs* ou Najus, formant une caste qui approche beaucoup de celle des Chétris. Dans l'origine ils appartenaient à la caste des Soudres, mais étant depuis un temps immémorial en possession du pays où il n'y avait ni brahmes ni Chétris, ils se sont à la longue attribué le rang de ces derniers. Les brahmes, qu'ils ont bien accueillis, et qui savent se prêter à tout pourvu qu'on leur rende des honneurs, ont fermé les yeux sur ces prétentions. La profession des Naïrs est la guerre, ils la font plutôt par surprise que d'une manière ouverte ; et quand ils ont à venger une injure, l'assassinat ne leur répugne nullement.

Les Naïrs sont d'une belle physionomie, bien faits, et d'un commerce agréable. Les femmes sont remarquables par leur beauté et leur propreté recherchée. Cependant un Naïr, après avoir épousé une jeune fille avec les cérémonies d'usage, cesse de la voir et ne s'en occupe plus que pour lui donner de quoi s'entretenir. Celle-ci n'est pas pour cela réduite à vivre dans une triste solitude. Elle peut recevoir autant d'amans que bon lui semble, pourvu toutefois qu'elle en excepte les Européens ou tout homme d'une caste inférieure à la sienne; autrement elle serait regardée comme coupable et ses parens ne la verraient qu'avec horreur. Quant au mari, il a la faculté de former des liaisons à son gré.

Cette existence singulière a donné lieu à l'étroite union qui règne entre les Naïrs d'une même famille. Les frères et les sœurs continuent à vivre dans la même maison. Les Naïrs ont pour leur mère la plus grande tendresse; ils ne parlent jamais de leur père qu'ils connaissent à peine; ils ont beaucoup d'affection pour les enfans de leurs sœurs qu'ils regardent comme les représentans de leur famille. Ils les font leurs héritiers, et regardent comme un devoir d'avoir pour eux les soins que ceux-ci ont droit d'attendre de la tendresse paternelle. Les Naïrs peuvent manger de toutes les viandes à l'exception de la vache. Ceux qui sont d'un rang distingué, ou scrupuleux observateurs de la religion, se bornent au poisson; il en est qui se piquent d'imiter les brahmes en tout.

Au nord du pays des Marahtes, habitent les Radjepoutes, tribu militaire, dont le nom signifie fils de radjahs. Ils forment plusieurs petits états gouvernés par des chefs particuliers qui ne furent jamais soumis entièrement par les empereurs mogols. Leur territoire, souvent le théâtre de guerres intestines, a été en partie envahi par les Marahtes. Pour conserver le reste, les Radjepoutes se sont mis sous la protection des Anglais qui tiennent une garnison dans le fort d'Adjemyr; de sorte que tout en défendant contre leurs ennemis les habitans du pays, ils les tiennent eux-mêmes dans la dépendance.

La population du Radjepoutanah se divise en Djats et Radjepoutes. Les premiers, très nombreux, sont en partie musulmans, en partie brahmistes. On remarque parmi eux les Bhâts, tribus cruelles et sauvages qui ont en horreur la vie civilisée, sont voleurs et désolent les colons qui les environnent. Les Radjepoutes sont les peuples dominateurs. Tous sont soldats ou cultivateurs, ils n'exercent aucune espèce d'industrie et dédaignent le commerce. Ils mangent sans scrupule de la chair de mouton, de chèvre et d'autres animaux, mais ils n'oseraient toucher à celle de poule. Ils se font une marque noire au milieu du front, et sont ordinairement coiffés d'une toque qui se termine en pointe. Leur vêtement est une robe longue, serrée autour de la taille par un mouchoir de mousseline; ils ont par-dessous un pantalon large, et des babouches aux pieds.

Dans les provinces du nord-ouest de

l'Indostan sont les *Seiks*, nation guerrière, mais cependant tributaire des Anglais. L'origine de ce peuple n'est pas très ancienne. Il a pour fondateur et législateur, Nanek, né en 1469 dans un village de la province de Lahor. Cet homme doué d'un esprit réfléchi et plus instruit que le commun de ses compatriotes, conçut le projet de mettre un terme aux persécutions que leur suscitaient les souverains mahométans de l'Indostan ; et pour accorder les Védas et le Coran, et prouver que les Indous n'adoraient qu'un seul Dieu tout-puissant et invisible, il blâma le culte des images, et les proscrivit dans tous les temples et les lieux consacrés à la dévotion.

Nanek parcourut pendant quinze ans la plupart des pays de l'Inde, Ceylan, la Perse et l'Arabie, prêchant paisiblement et montrant partout la plus grande simplicité de mœurs. De retour dans sa patrie, il vécut dans une maison commode, entourée d'un terrain que lui avait donné le radjah de Callanor qui avait embrassé sa doctrine. Il mourut en 1539. Sa retraite est devenue un lieu de dévotion. Nanek eut plusieurs successeurs. L'un d'eux, Ramdas, obtint d'Akbar, empereur mogol, la permission de bâtir dans un canton voisin de Lahor, dont ce monarque l'avait gratifié, la ville de Ramdas-Pour, aujourd'hui Amret-Sir (réservoir du breuvage de l'immortalité). C'est la ville sainte des Seiks.

Les Seiks ne s'étaient d'abord occupés que de pensées et méditations religieuses; ils devinrent des guerriers intrépides. La mort de deux de leurs chefs, victimes de trahison, les détermina à une juste vengeance. Un nouveau chef, également distingué comme prédicateur, comme auteur et comme guerrier, du nom de Gourou-Govind, se dévoua au soutien de la cause de sa secte, les excita à s'adonner entièrement à la profession des armes, et renversa toutes les distinctions de castes qui tenaient une grande partie du peuple sous un joug humiliant. Il déclara que tous étaient égaux, et les invita à entrer tous dans la carrière militaire. Les Seiks, imbus de ces sentimens bien propres à exciter le courage, auraient pu former un état puissant, s'ils n'avaient eu à lutter successivement contre Aureng-Zeb et le roi de l'Afghanistan, et ensuite contre l'anarchie, le pire de tous les ennemis.

Un homme d'un caractère entreprenant a tiré les Seiks de cet état précaire. Rendjit-Sing, radjah de Lahor, est parvenu à soumettre tous les petits chefs et à agrandir ses états, après avoir conclu un traité d'amitié et d'alliance avec les Anglais, dans lequel il fut convenu que la Grande-Bretagne ne se mêlerait en rien de ce qui concerne les états du radjah, au nord du Setledje, et que le radjah s'abstiendrait de toute tentative de conquête du côté du sud de cette rivière.

Les Seiks, quoique guerriers par état et par goût, cultivent la terre, élèvent des troupeaux, fabriquent des toiles et des armes à feu. Leur habillement consiste en un pantalon blanc, un manteau d'une couleur quelconque, et une espèce de turban. Leurs chefs, portent, pour marques distinctives, des bracelets d'or aux poignets, et des chaînes de même métal autour de leur turban. Les Seiks sont en général bien faits, robustes et sobres; accoutumés de bonne heure à une vie laborieuse, ils supportent aisément la fatigue, et font des marches vraiment incroyables. Leurs chevaux, qu'ils tirent de Lahor et du Moultan, sont de taille moyenne, dociles, vigoureux et pleins d'ardeur.

Les temples des Seiks sont de la plus grande simplicité; ils n'y admettent que leur livre sacré. Leurs prières s'adressent directement à Dieu, seul créateur et régulateur de l'univers. Ils croient à une vie future, dans laquelle la vertu sera récompensée et le vice puni. Leur opinion est que l'on doit tolérer toutes les croyances, et même ne pas disputer avec les sectateurs d'une autre religion. Le service divin est fort simple ; le prêtre chante des hymnes ; le peuple répond à chaque verset. On fait ensuite la prière, le prêtre donne la bénédiction à l'assemblée, puis l'on mange en commun le pain sacré, composé de farine, de beurre et de sucre.

Les Seiks conservent encore plusieurs usages des Indous ; la différence des castes n'est pas tellement abolie qu'il n'en reste encore des traces, parce que les grands et les riches à qui l'égalité déplaît cherchent toujours à ramener les signes de distinction. Ainsi, ils ne contractent de mariage qu'avec des personnes de leurs tribus respectives. Ils ne s'abstiennent cependant de manger d'aucune viande, excepté de la vache. Une loi de Nanek défend expressément aux veuves de se brûler à la mort de leurs époux ; elles ont même la permission de contracter un second mariage; toutefois quelques Seiks tiennent encore tellement aux anciennes coutumes du pays, que l'on voit assez souvent des femmes accompagner leur mari au bûcher, tant il est difficile de détruire un préjugé, si absurde qu'il soit, quand il a pris de profondes racines.

Le nom de Seik signifie disciple. Les marchands, les artisans et tous les individus de la classe inférieure l'ajoutent à la suite de leur nom. Les militaires prennent le titre de singh, qui veut dire lion.

Indépendamment de ces races d'habitans natifs, l'Indostan renferme un très grand nombre de Musulmans qui sont les descendans de plusieurs essaims de conquérans venus du nord et de l'ouest. Ils sont plus hardis, plus entreprenans, et en même temps plus grossiers que les Indous, et ne rachètent point leur manque de politesse par la probité. Les empereurs mogols étaient musulmans.

La partie de l'Inde en-deçà du Gange renferme dans son étendue divers états plus ou moins vastes. La compagnie anglaise forme le plus puissant; car, indépendamment des provinces qu'elle possède à titre de conquêtes, elle règne encore sur différens princes dont les uns sont ses vassaux et les autres ses tributaires. Cependant il est encore quelques états qui conservent leur indépendance, et parmi ceux-ci on peut citer le royaume de Caboul, ou l'Afghanistan, formé de provinces conquises sur la Perse, sur l'Indostan et sur la Tartarie indépendante. La description de cet état sera l'objet de ma prochaine lettre.

LETTRE XIII.

Inde en-deçà du Gange. — Le royaume de Caboul, ou l'Afghanistan. — Candahar. — Caboul. — Cachemire. — Moultan. — Pendjab. — Villes principales.

Le royaume de Caboul, ou l'Afghanistan, est un état moderne, composé d'abord de diverses provinces persanes, dont les habitans se sont insurgés à l'instigation de chefs ambitieux, et soustraits à la puissance des souverains légitimes de la Perse. Il eut, à son origine, le titre de royaume de Candahar, nom d'une province habitée par une multitude de tribus connues sous la dénomination générale d'Afghans. Le royaume de Caboul, gouverné par des princes habiles, s'est agrandi avec le temps, soit par de nouvelles usurpations sur la Perse, soit par des conquêtes faites sur ses voisins. Ses possessions dans l'Inde se sont tellement étendues, qu'on le comprend aujourd'hui dans le nombre des états qui composent cette vaste région. Néanmoins, avant de vous entretenir des possessions indiennes du roi de Caboul, il convient de vous faire connaître celles détachées de la monarchie persane, qui sont la partie méridionale du Khorassan, le Sedgistan et le Candahar.

Ces provinces, plus ou moins fertiles suivant leur position, n'ont rien de particulièrement remarquable. Toutes ont été en proie aux ravages des guerres civiles, et les villes n'ont pas été plus épargnées que le sol qui les nourrissait. Parmi celles qui ont le moins souffert, on peut encore citer *Hérat*, capitale de la partie méridionale du Khorassan : c'est une grande ville, située dans une vallée entourée de hautes montagnes, et contiguë à la chaîne du nord qui la sépare de la Boukharie. Elle est défendue par un mur en terre très élevé, flanqué de tours, et ceint d'un fossé toujours rempli d'eau. Au nord se trouve une citadelle, mais les fortifications sont généralement faibles, et incapables d'une longue résistance. A partir de chaque porte, des bazars voûtés, et communément bien garnis de marchandises, conduisent au principal marché. On fabrique dans Hérat des tapis et des étoffes de différentes espèces. Cette ville est peut-être la plus commerçante de celles qui dans l'Asie sont soumises au gouvernement des princes indigènes. Elle porte par distinction le nom de *Bender-au-Port*. C'est l'entrepôt du trafic entre le Caboul, le Candahar, l'Indostan, le Cachemire et la Perse. La vallée dans laquelle Hérat est située est d'une fertilité prodigieuse. La population de cette ville est évaluée à cent mille habitans, parmi lesquels on compte dix mille Afghans.

Le *Sedgistan* est une misérable province habitée en partie par les Afghans nomades. Quelques ruisseaux, des montagnes, des plaines sablonneuses, des déserts ; c'est tout ce que l'on y rencontre. Les sables mouvans ensevelissent quelquefois de vastes champs et des villages entiers. Qui croirait que le fameux Tamerlan n'a pas dédaigné d'en faire la conquête en 1407 ! *Zarang*, capitale de cette province, est située près d'un lac fort poissonneux, qui est d'une grande ressource pour les besoins des habitans. On fabrique dans cette ville de la porcelaine très belle et très estimée.

Le *Candahar* est le pays des Afghans proprement dits. Cette province, frontière de l'Inde, ne renferme que très peu de villes, encore sont-elles tout-à-fait insignifiantes. Les habitans sont en grande partie nomades et pasteurs. Le territoire, dépourvu de bois, n'est fertile que dans certains cantons, tels que ceux qui avoisinent la rivière d'Helmund. Il produit des grains, des raisins et d'excellens melons. On n'y voit que très peu d'animaux sauvages, mais les animaux domestiques et les bestiaux y sont en fort grand nombre. La population de cette province est, d'après l'évaluation la plus approximative, d'environ cinquante mille individus. La capitale est la seule ville qui mérite une mention particulière. Elle porte aussi le nom de *Candahar.*

Cette place, anciennement la clef de la Perse, sur la frontière voisine du Mogol, et de tout temps le passage de la Perse dans l'Inde, jouit d'une grande célébrité. On en attribue la fondation à Alexandre-le-Grand. Située dans une plaine fertile et bien cultivée, Candahar est défendue par une forteresse célèbre dans les annales de la Perse, et bâtie sur le haut d'un rocher, au pied d'un précipice. La ville est dans une position favorable au commerce qui la rend très florissante. Elle est bien peuplée et abondamment pourvue de toutes les denrées nécessaires aux besoins de la vie. Nous y avons fait un assez long séjour, et c'est de là que nous sommes partis pour gagner Caboul, principale ville du Caboulistan, et capitale de tout le royaume.

Caboul, située sur la croupe orientale de deux montagnes, et entourée de murailles dont la circonférence est d'environ un mille et demi, n'a qu'une médiocre apparence. Ses maisons, bâties en pierres brutes, en terre ou en briques cuites au soleil, sont loin d'annoncer la capitale d'un état puissant. Elle est cependant la résidence ordinaire du souverain. Il est vrai qu'il y a de beaux palais, des bazars fort bien entretenus, deux forteresses, et que la plaine dans laquelle elle est placée, est vaste et fertile.

Le climat du Caboulistan est très variable, à cause de la manière brusque avec laquelle les chaînes de montagnes s'élèvent souvent au-dessus des plaines voisines.

Quelques heures de marche font passer le voyageur d'un lieu où la neige ne tombe jamais, dans un autre où jamais elle ne fond. A Caboul, le froid est rigoureux et tenace ; aussi les habitans portent-ils constamment des habits de drap, et des surtouts de peau de mouton tannée. Ils couchent près des poêles, et évitent, autant qu'ils peuvent, de sortir de leurs maisons, avant que l'équinoxe du printemps ait amené un temps plus tempéré. Le pays est généralement coupé de montagnes et de vallons fertiles et agréables. On y trouve des mines de fer, et il produit de la rhubarbe, des aromates et des fruits.

Ghasni, ou Ghisni, ville déchue, n'est plus remarquable que comme ancienne capitale de l'empire des Gaznevides.

Entre les montagnes à l'est du Kouttore s'étend une belle vallée, de forme elliptique, à l'abri des débordemens de la saison pluvieuse, des chaleurs étouffantes du Lahor, et des vents glacials du Thibet ;

c'est le *Cachemire*, le paradis de l'Indostan et de tout l'Orient. On n'y peut arriver que par trois passages, à travers des montagnes, encore sont-ils très dangereux et presque impraticables pour les bêtes de somme.

Rien n'égale la surprise délicieuse que le voyageur éprouve en entrant dans cette magnifique vallée, couverte des plus beaux arbres, abondamment arrosée, remplie de gras pâturages, de bétail superbe, d'abeilles d'un produit immense. L'extrême abondance et la vigueur étonnante des végétaux, la variété des sites, la douceur de l'air que l'on respire, l'aspect riant des maisons disséminées dans la campagne, tout y flatte à la fois les yeux et les sens.

Les plaines sont couvertes de rizières, de beaux potagers, de prairies émaillées de fleurs, de superbes vergers, et de parterres remplis de fleurs dont les espèces sont agréablement variées. Sur le penchant des collines, on voit de vastes champs de blé, de plantes aromatiques, de roses et de safran, des vignes, des forêts de chênes et de hêtres, à travers lesquelles passent des sources et des rivières qui descendent dans la plaine, l'arrosent, et y forment des lacs charmans. Les montagnes renferment du fer qui est excellent.

Les habitans du Cachemire, quoique opprimés par les Afghans, n'ont pas perdu le goût des plaisirs, de la mollesse et du luxe qui les caractérise. Ils sont très industrieux, et soutiennent encore la réputation qu'ils ont acquise dans la fabrication des schalls. C'est en schalls qu'ils paient aux Afghans une partie de leur tribut; mais tel est ordinairement l'effet de l'oppression qu'elle porte le découragement dans les lieux où elle se fait ressentir, que les plus beaux établissemens y dégénèrent, et finissent par tomber en ruines. C'est ainsi que de quarante mille fabriques qui florissaient dans le Cachemire, du temps du gouvernement mogol, il y en a à peine aujourd'hui seize mille en activité. Les Cachemiriens fabriquent aussi de très beau papier, de l'essence de rose, et du vin qui est à peu près de la même qualité que le Madère. La population du Cachemire paraît être considérable, et les femmes de ce pays passent pour très fécondes.

Si l'on en croit les indigènes, le Cachemire renferme cent mille bourgs et villages, il nous eût été difficile de les compter, et quoique nous ne doutions pas qu'il y ait de l'exagération dans ce calcul, nous n'avons pas cru que la chose fût assez importante pour mériter vérification. Ce qui est certain, c'est qu'on n'y trouve qu'une seule ville, c'est celle de Cachemire, ou plutôt *Sirinagor*, mot indien qui signifie habitation du bonheur, et qui s'applique à plusieurs villes de l'Inde, principalement à celles qui sont situées auprès des lieux sacrés.

La capitale du Cachemire a une étendue d'environ trois lieues, le long de chacune des rives du Djalem, que cinq ponts de bois traversent. La largeur de la ville est partout de deux milles. Les maisons sont communément de deux à trois étages; elles sont en briques; le toit est en bois couvert d'un enduit de terre, pour protéger la charpente intérieure contre la grande quantité de neige qui tombe en hiver. En été, on couvre cette terrasse de fleurs, ce qui en fait un parterre charmant. Les rues sont étroites et horriblement sales; la malpropreté des Cachemiriens a passé en proverbe, malgré l'usage des bains flottans qui sont sur la rivière. Cette ville ne renferme pas un seul édifice digne d'être remarqué. L'air y est doux et salubre.

On vante beaucoup la beauté du Dall, ou lac de Cachemire; il est au nord-est de la ville; sa circonférence est de six milles, sa forme ovale, et il communique avec le Djalem par un canal étroit. Près de ce lac, l'empereur Schah-Djéhan fit faire le Chalimar, jardin magnifique, rafraîchi parles eaux du lac, et orné de bâtimens somptueux. C'est véritablement un lieu de délices; mais il est pénible de voir le palais tellement négligé qu'il tombe en ruines. Les environs de la ville, à l'est et à l'ouest, sont couverts de jardins charmans. Les platanes y sont d'une grosseur extraordinaire; leur feuillage touffu procure en été une ombre rafraîchissante. Le plus beau des végétaux de ce pays est la rose, dont l'éclat et le parfum sont depuis long-temps célébrés dans les poésies de l'Orient. L'époque où les boutons s'épanouissent donne lieu à des fêtes. On en extrait une essence très recherchée.

Les Cachemiriens sont vêtus d'une grande veste de laine, avec de larges manches ; une sorte d'écharpe est roulée autour de leur ceinture ; sous la veste, ils ont une chemise et des caleçons; leur coiffure ordinaire est un turban. L'habit des femmes n'est pas plus élégant, il consiste en une ample robe de coton ; leurs cheveux sont tressés. Elles se coiffent d'un petit bonnet de laine cramoisie, derrière lequel pend un morceau triangulaire de la même étoffe qui couvre en grande partie la chevelure ; le bonnet est entouré d'un petit turban. Les hommes sont grands et bien faits ; les femmes ont de gros traits, le visage mal dessiné, les jambes engorgées, le teint brun.

Le trait le plus remarquable de la géographie physique de l'Afghanistan est la portion de la chaîne de montagnes de l'Asie qui longe sa frontière septentrionale. Elle reçoit d'un de ses pics, dans cette étendue, le nom d'Hindou-Couh, qu'elle conserve même au-delà. Elle est d'une hauteur prodigieuse, et ses cimes les plus hautes sont couvertes de neiges perpétuelles ; cependant elles ne paraissent pas s'élever autant que celles qui donnent naissance au Gange, ou qui dominent sur le Népâl.

Le Soliman-Couh, la chaîne la plus

considérable après l'Indou-Couh, n'en est séparée que par une vallée étroite où coule le Caboul, et sur les bords de laquelle on voit le Seffaïd-Couh qu'enveloppent des neiges éternelles. En s'avançant au sud, cette chaîne s'abaisse graduellement vers les plaines du Sindhy et du Sedgistan. Ces deux chaînes, avec les branches qui en sortent, traversent presque tout l'Afghanistan.

Le Sind, qui est le plus grand fleuve de l'Afghanistan, forme sa limite naturelle à l'est. La plus considérable des rivières qu'il reçoit est le Kama, qui s'alimente du Caboul et de diverses petites rivières, et finit par joindre ses eaux à celles du Sind. Le Helmend parcourt la partie orientale de l'Afghanistan, et, au-delà des frontières de ce pays, tombe dans le lac de Dourra ou Zareng.

Les vents dominans dans cette contrée sont ceux de l'ouest et du sud-ouest. Celui-ci commence au milieu de l'été, et souffle pendant vingt jours sans interruption. Il est frais, tandis que celui d'est est chaud. Les pluies tombent principalement en hiver. Quand elles sont remplacées par de la neige qui couvre la terre, et ne fond qu'au retour de la chaleur, l'agriculture en tire un avantage immense ; les pluies, dans cette saison, au contraire, sont pernicieuses pour les récoltes, et tout l'espoir du laboureur repose sur les pluies du printemps qui sont bien moins abondantes. La mousson, à laquelle est due la saison humide de l'Inde, se fait à peine sentir dans l'Afghanistan, qui généralement peut être regardé comme un pays sec.

Dans les plaines d'une élévation médiocre et bien arrosées, comme celles de Peichour et de Candahar, le sol est très fertile, et produit annuellement deux récoltes. On sème le froment et l'orge de préférence au riz et au millet. Dans le pays haut, on n'obtient qu'une récolte par an. Les plaines du midi sont privées d'eau, et n'offrent qu'un vaste désert. Les lions sont rares dans cette contrée ; les tigres et les léopards y sont plus communs. Les loups, les hyènes, les renards, les chacals, les lièvres, se rencontrent partout. On laboure avec des bœufs. Les moutons à large queue forment la principale richesse des tribus pastorales. Les chevaux sont très nombreux, mais d'une race moins belle que ceux que l'on élève dans les plaines immenses situées au nord de l'Hindou-Couh.

Le système politique de l'Afghanistan n'est pas aussi simple que celui de la plupart des monarchies de l'Asie. On a comparé le pouvoir du schah à celui qu'exerçaient les rois de l'Europe dans les pays où régnait le régime féodal. Dans les grandes villes et dans les territoires qui les entourent, ainsi que dans ceux qui ont été conquis sur les étrangers, le schah exerce une autorité directe et presque absolue. Le reste du pays est partagé en oulous ou communautés qui ne reconnaissent que faiblement la puissance du souverain, et desquelles il n'obtient que très difficilement des contingens en troupes et en argent. Chaque oulou est gouverné par un khan, nommé ordinairement par le schah, mais toujours choisi dans la famille la plus ancienne. Le khan, dans son oulou, est un monarque investi d'un pouvoir limité; il ne peut rien entreprendre d'important sans le consentement de l'assemblée du peuple, à laquelle appartient aussi le pouvoir judiciaire, autant du moins qu'il existe chez cette nation.

Les oulous concluent entre eux des alliances, et font la guerre sans en instruire le schah. Ce mode de gouvernement tient tout le pays dans un état de tumulte et d'effervescence, et au premier coup-d'œil présente un contraste désagréable, quand on le compare avec ce calme, cette tranquillité inaltérables qui, sous un gouvernement absolu, règnent dans la plus grande partie des plaines de l'Indostan. Toutefois, en examinant avec attention cette apparence de rudesse et de turbulence, on est aisément convaincu que cette liberté, si grossière qu'elle soit, est bien préférable à l'apathie de la servitude. Le pouvoir d'action, et pour ainsi dire d'existence, qui réside dans chacun des oulous, donne à ces communautés le moyen d'être florissantes, indépendamment du caractère du souverain, et même malgré les convulsions qui renversent son trône. Les révolutions successives qui ont déchiré l'Afghanistan depuis l'an 1760, ont été extrêmement nuisibles aux grandes villes et aux cantons situés le long des routes; mais ceux qui sont dans des positions reculées, et par conséquent indépendans, n'ont pas cessé de prospérer. La culture a fait des progrès; de nouveaux aqueducs ont été construits, et plusieurs établissemens publics ont été entrepris et achevés.

Les Afghans, avec un extérieur plus rude que les Indous, possèdent des qualités estimables auxquelles ceux-ci sont étrangers. On peut placer une certaine confiance dans l'affection qu'ils témoignent ; s'ils n'ont pas cette véracité qui caractérise les Européens ; s'ils emploient sans scrupule la dissimulation, lorsqu'il est question pour eux d'une chose d'un grand intérêt, ils sont bien éloignés de cette fausseté profonde et habituelle qui semble innée chez les Persans et les Indous. On aperçoit dans les Afghans une activité d'esprit et une curiosité inconnues des peuples soumis au despotisme. Si l'on présente aux Indous quelques objets d'art faits en Europe, ils ne les regardent que par pure politesse sans y prendre le moindre intérêt ; tandis que les mêmes choses, présentées aux Afghans, excitent au plus haut degré leur admiration et le désir d'en connaître le mécanisme.

Les mœurs sont plus pures chez ces

peuples que parmi les autres nations de l'Asie; la polygamie y est cependant en usage, et les femmes s'y vendent de même que dans tout l'Orient ; mais elles y sont bien traitées, et souvent acquièrent dans la famille un ascendant dont les institutions mahométanes semblent les exclure partout ailleurs.

Dans les campagnes où le système de réclusion n'est pas pratiqué aussi rigoureusement que dans les villes, la passion de l'amour est quelquefois ressentie dans toute son ardeur. Plusieurs poèmes afghans racontent des aventures amoureuses, et les incidens, les détails qu'ils contiennent, ressemblent à ceux que l'on trouve dans le même genre de compositions dues à des auteurs européens.

Il arrive souvent qu'un jeune homme part pour l'Indostan ou pour tout autre pays étranger, afin d'y gagner l'argent nécessaire pour acheter la femme dont il est devenu amoureux. Le prix d'une femme afghane étant ordinairement fort élevé, l'acquisition en est accompagnée de difficultés telles que l'homme atteint fréquemment l'âge de quarante ans avant d'avoir pu se procurer la somme suffisante pour obtenir l'objet de ses vœux.

Cet usage a donné lieu à un mode particulier de châtiment légal. L'amende imposée au coupable d'un crime s'acquitte en jeunes femmes que l'on donne pour épouses à la personne offensée ou à ses amis. La taxe, pour un meurtre, est de douze femmes, de six pour une blessure grave, et ainsi en diminuant pour de moindres délits.

La nation afghane se distingue éminemment par l'exercice de l'hospitalité ; non-seulement un étranger, mais même l'ennemi le plus invétéré est parfaitement en sûreté sous la tente d'un Afghan. L'usage veut que quiconque entre dans sa maison, et s'y place dans la posture d'un suppliant, en reçoive tout ce qu'il demande. A cette galanterie presque romanesque, et à cette humanité qu'on ne saurait trop admirer, les Afghans joignent à peu près universellement l'habitude du vol et du pillage. Elle varie suivant les tribus, et est très restreinte parmi celles qui sont placées immédiatement sous les yeux du schah; mais il en est à peine une qui en soit entièrement exempte. Ce peuple ressemble à cet égard aux Arabes.

L'éducation n'est pas soignée chez les Afghans en proportion de l'importance qu'ils paraissent y attacher. Les villes et les villages ont des maîtres d'école; mais ce sont des mollahs qui remplissent ces fonctions, et malheureusement ils se bornent à mettre leurs disciples en état de lire le Coran en arabe, souvent sans le comprendre. Dans les classes inférieures, il n'y a pas un quart des habitans qui sache lire dans sa langue. Le plus haut degré des études est la connaissance des classiques persans, l'arabe, la grammaire, la logique, la jurisprudence et la théologie; l'école la plus renommée est celle de Peichour.

Les princes afghans ont généralement protégé et encouragé l'étude des sciences. Ahmed-Schah, fondateur de la dynastie régnante, avait chaque semaine, dans son palais, des réunions qui se prolongeaient ordinairement jusqu'à une heure très avancée, et dans lesquelles on discutait divers sujets de théologie, de jurisprudence et de littérature. Le plus célèbre des poètes afghans est Réhman; on trouve plus de verve poétique dans les vers de Couchâl, chef qui, par sa valeur, sut maintenir l'indépendance de sa tribu contre la puissance d'Aurengzeb. Ses odes semblent en effet bien calculées pour inspirer à ses partisans l'amour de la liberté, et pour les enflammer de la passion de la gloire. Cette nation montre aussi son goût pour la poésie, par la profession de lecteur de vers que beaucoup de gens embrassent dans les villes, et qui est un moyen assuré d'existence.

Les Afghans font grand cas des arts utiles, et s'y appliquent de manière à faire des progrès. L'agriculture est l'objet des soins les plus assidus ; son succès est fondé principalement sur le procédé de l'irrigation, qui se pratique dans tout le royaume. On l'effectue par de petits canaux dans lesquels on fait entrer l'eau par des digues, et quelquefois par des levées partielles. On a aussi recours à une invention dont l'emploi est beaucoup plus pénible. On creuse dans une campagne en pente une suite de puits que l'on réunit par un canal souterrain, construit de manière que toutes les eaux coulent vers le plus bas, et de là dans une rigole, d'où elle est conduite dans les champs qui sont au-dessus. Ces travaux difficiles et dispendieux sont quelquefois exécutés par des gens riches, et d'autrefois par le moyen d'une association entre les pauvres.

Le terrain est toujours arrosé avant d'être labouré; cette dernière opération a lieu avec deux bœufs, et plus profondément que dans l'Indostan. Le grain se sème à la volée; on herse ensuite la terre avec une planche sur laquelle un homme se place pour qu'elle presse plus fortement. Le blé sur pied est arrosé au moins une fois, quelquefois plus souvent; on le coupe avec la faucille; les épis sont foulés par les pieds des bœufs. Le froment est la principale nourriture des hommes, l'orge celle des chevaux. Toutes les denrées, notamment les fruits et les plantes potagères, sont à très bon marché. Les terres sont subdivisées en très petites portions, et presque tous les cultivateurs sont propriétaires.

Le commerce intérieur se fait par caravanes; les marchandises se transportent à dos de chameau; pour traverser certaines parties de l'Hindou-Couh, on se sert de chevaux. L'inégalité et l'âpreté des routes, la difficulté de trouver des vivres et de l'eau, les attaques des tribus adonnées au brigandage, sont de grands obstacles pour le commerce. En traversant le pays de ces bandits, la caravane marche dans le plus grand ordre; elle est protégée par des détachemens de cavaliers postés à des distances convenables. Pendant la nuit, une grande partie des hommes qui la composent fait la garde. Dans les villes, on loge dans des caravanserais.

L'Afghanistan, n'ayant pas de manufactures autres que celles des schalls de Cachemire, ne fournit que très peu de marchandises qui puissent supporter un mode de transport aussi dispendieux. Les principales sont diverses sortes de fruits, des pelleteries, de la garance et de l'assafœtida. Toutefois le commerce de ce pays est considérable, parce qu'il offre une route commode pour aller de l'Indostan dans la Perse et le Turkestan. C'est par cette voie que les schalls de Cachemire, les toiles peintes du Moultan, et toutes les marchandises manufacturées des Indes sont transportées dans ces contrées, tandis que celles de l'Europe sont apportées par les Russes à Orembourg, de là à Bockara, puis à Caboul.

Les principales tribus afghanes sont celles des *Ghildjis* et des *Douranis*. Elles habitent la partie occidentale du pays. Les Ghildjis sont les plus belliqueux de tous. *Ghizni*, située dans le centre, fut la résidence du grand Mahmoud, surnommé le Ghasnevide, le plus puissant monarque musulman de son siècle, et l'un des plus fameux conquérans de l'Asie. Les Ghildjis formaient la principale force des armées avec lesquelles il conquit la Perse, et qui restèrent maîtresses du pays jusqu'à ce que Nadir-Schah les en eût chassées.

Ahmed-Schah, chef des Douranis, ayant rétabli la monarchie afghane, les Ghildjis n'ont plus que le second rang. Leur régime intérieur est purement démocratique ; et dans quelques cantons le gouvernement tend à l'anarchie. Cet esprit, qui a toujours dominé chez eux, a pris une nouvelle force, depuis que le souverain a cessé d'appartenir à leur tribu, et d'ajouter à ses prérogatives légales le caractère encore plus respecté de chef héréditaire des Ghildjis.

Cette distinction est possédée aujourd'hui par les Douranis, qui ont pour chef de leur tribu le roi de l'Afghanistan. Les grands serdars, ou capitaines douranis, unissent le crédit qu'ils tirent de leur emploi et du commandement militaire, à celui dont ils jouissent par le droit de leur naissance ; en sorte que, sans que le principe démocratique soit détruit, le pouvoir des rois et des chefs est plus grand chez ces tribus que dans les autres parties du royaume. Les Douranis sont braves, généreux, hospitaliers, ardemment attachés à leur tribu, et en même temps plus affables et plus humains que le reste de leurs compatriotes. Cette prééminence est reconnue par les Ghildjis même, leurs ennemis invétérés.

Les hauteurs du Soliman-Couh sont occupées par diverses tribus barbares désignées par les noms de Kheyberis, de Vizeris et de Chérânis : ce sont des brigands déterminés ; quelques-uns sont presque sauvages, et vivent dans des cavernes creusées dans le roc. Les Yousofzis habitent l'extrémité nord-est de l'Afghanistan et une vallée arrosée par le Saout, à la droite du Sind. Ils sont arrivés dans ce pays comme conquérans, et ont réduit en servitude tous les habitans indigènes. Les esclaves étant beaucoup plus nombreux que les maîtres, font les ouvrages pénibles, et laissent à ceux-ci la faculté de vivre dans une indolence presque complète. C'est parmi les Yousofzis que la démocratie a atteint son plus haut degré ; à peine reconnaissent-ils une forme de gouvernement. Le petit nombre de gens libres, et une sorte de lien, ressemblant à celui d'une secte religieuse, qui les unit entre eux, suffit pour prévenir les grands désordres. Fiers de cette liberté, ils se regardent comme la plus noble des tribus afghanes, et regardent les Douranis même avec dédain.

L'Afghanistan comprend encore diverses provinces, telles que celles de Peichour, de Kouttore, d'Attock, etc. *Peichour*, capitale de la province de ce nom, est située dans une plaine dont le diamètre est d'environ trente-cinq milles, et qui est presque entièrement entourée de montagnes très élevées. Le sommet de quelques-unes est éternellement couvert de neiges, ce qui forme un contraste admirable avec la verdure qui règne dans toute l'étendue de la plaine. Le territoire de cette ville est si peuplé, que l'on y compte trente-deux villages dans un rayon de quatre milles.

La ville a près de cinq milles de tour,

et renferme environ cent mille habitans. Ses rues offrent un singulier mélange d'individus de pays divers, de l'Indostan, de l'Afghanistan, de la Perse et des montagnes voisines. On y rencontre des Persans et des Afghans, vêtus de robes brunes en laine, ou de manteaux flottans, et coiffés de bonnets de laine ou de soie noire; des Kheyberis avec des sandales de paille, l'habit et l'air sauvage des montagnards; des Indous unissant les traits et les usages de leur nation, à la longue barbe et au costume du pays; des Hauzareths non moins remarquables par leurs bonnets coniques en peau, avec la laine qui en garnit les bords, que par leur visage large, leurs petits yeux, et notamment le manque de barbe, ornement de tous les autres mentons de cette ville. Au milieu de la foule, on aperçoit un petit nombre de femmes, couvertes de longs voiles, depuis la tête jusqu'aux pieds.

Le *Kouttore* est un pays montagneux,

dans lequel on trouve cependant des fruits et des grains récoltés en assez grande abondance sur le territoire même. Ce pays est fort peuplé, et renferme plusieurs villes qui, ainsi que celles du district d'Attock, ne présentent aucun intérêt, même de simple curiosité. Le royaume de Caboul s'est agrandi depuis peu par la conquête d'une partie de la province de Moultan, dont l'autre partie appartient à la confédération des Seiks.

Le *Moultan* est un pays aride dans lequel on trouve cependant des choses utiles, telles que la noix de galle, le coton, la canne à sucre, des mines de fer et de soufre, des chevaux, des chameaux et des moutons à grosse queue, ce qui suppose d'assez bons pâturages. La capitale du même nom est située à quelque distance de l'Hydaspe. Elle a peu d'étendue, mais elle offre un poste militaire important. Elle est défendue par un château fort et des murailles flanquées de tours. On y trouve des fabriques de soieries et de tapis. La plupart des habitans sont Banians.

Le Pendjab, ou pays des cinq rivières, appartient également aux Seiks. Ce pays, au sud du Cachemire, tire son nom des cinq sources ou branches secondaires de l'Indus, qui le traversent. C'est une des provinces les plus belles et les mieux cultivées de l'Inde. Lahore en est la capitale. C'est une ville très ancienne située sur la rivière de Ravy, et sur la grande route, bordée de platanes, qui conduit de Delhy à la Perse et à Samarcand. Elle a perdu une partie de sa splendeur primitive, mais elle conserve encore de très beaux édifices, et des jardins magnifiques. Elle est entourée de murs de briques, et a douze portes. Ses faubourgs sont en partie ruinés.

Sur la rive orientale du fleuve s'élève le château bâti en briques, résidence des anciens souverains du Mogol. Ce palais, renfermé dans la citadelle de la ville, est un des plus beaux que l'on connaisse. Vu de l'autre côté de la rivière, avec ses jardins élevés sur le toit, il offre un aspect vraiment enchanteur. On le prendrait pour le palais de Sémiramis, ou pour l'un de ceux décrits dans les *Mille et une Nuits*. Le toit en terrasse est orné, d'un bout à l'autre, d'un parterre planté de mille espèces des plus belles fleurs que produit ce pays où règne un printemps éternel.

L'intérieur de l'édifice est orné d'or, de lapis-lazuli, de porphyre et de beau granit rouge. On admire surtout la salle du trône et la galerie, dont le plafond et les murs sont couverts de glaces de cristal de roche, et le long de laquelle règne une treille en or massif, avec des grappes en perles et en pierres précieuses, plus brillantes les unes que les autres. La salle du bain offre une baignoire de la forme d'une nacelle; elle est d'agate orientale, et ornée de lames d'or. On la remplissait de huit muids d'eau de roses. C'est à quinze milles de Lahore que se trouvent les ruines de *Sangala*, ville dont il est fait mention dans l'histoire d'Alexandre.

Parmi les autres villes du Pendjab, on distingue *Ambersir*, ou Ramdaspour, bâtie auprès d'un bel étang bordé de pierres de granit, et entouré de très beaux édifices. Les pélerins seiks s'y rendent en foule pour y faire leurs dévotions dans un temple élevé au milieu du lac. *Nourpour* est une autre ville remarquable par sa situation sur le sommet d'une montagne que l'on gravit par le moyen d'un escalier en pierres.

Les temples sont communs dans ce pays. On en voit un magnifique à Kangrah, ville ancienne, appelée aussi Nagracot; il est situé au milieu des montagnes, et visité par un grand nombre de pélerins de toutes les provinces de l'Inde. A deux journées de là se trouve un autre temple encore plus fréquenté; c'est celui de Jullamouki; il renferme un souterrain d'où sortent des flammes; les dévots y jettent du bois de sandal, du riz, des amandes et autres objets qu'ils laissent se consumer, pour en retirer ensuite les cendres estimées comme des reliques.

Le royaume de Caboul s'est encore agrandi de la province de *Balk* qu'il a conquise sur la Tartarie indépendante. Ce pays, fertile et bien cultivé, compte un million d'habitans. Ce sont des Tartares Usbecks et des Tanjiks qui, habitués à jouir de l'indépendance, secoueront probablement le joug que la force leur a imposé, dès que l'occasion s'en présentera. Ainsi, sans m'arrêter à ces variations très communes dans l'Asie, je me réserve de vous donner des détails sur cette province, lorsque je vous adresserai la description de la Tartarie.

LETTRE XIV.

Inde en-deçà du Gange.—Le Sindhy. — Le Guzurate. — Agra. — Delhy.—Sirinagur, — Le Népaul. — Villes principales,

---

Le *Sindhy* est borné au nord par l'Afghanistan, au sud par le district de Coutch et la mer, à l'est par le pays de Radjapoutes et le désert, à l'ouest par la mer et les monts du Beloutchistan. Sa longueur est d'environ cent lieues sur trente de largeur.

Cette contrée a une ressemblance frappante avec l'Égypte. C'est une plaine immense arrosée par un beau fleuve qui la fertilise à une certaine distance de chaque côté, et au-delà de laquelle s'étend à gauche un vaste désert, et s'élève à droite une chaîne de montagnes stériles. Mais les riverains, qui sont ou pêcheurs ou pasteurs, ne voient, dans les crues d'eau du fleuve, qu'un fléau qui les oblige d'abandonner leurs cabanes de bois ou de paille.

On compte dans le Sindhy trois grandes provinces, dont la principale est Tatta, qui a donné son nom à l'ancienne capitale, ville autrefois florissante et populeuse, aujourd'hui ruinée et déserte. Tatta, vue de loin, présente l'aspect d'une cité immense; mais à mesure qu'on s'en approche, l'illusion disparaît; on n'aperçoit plus que de longues rues, bordées de maisons délabrées et sans habitans. On y voit cependant encore quelques manufactures, et une grande école indoue.

Haiderabad, capitale actuelle, place forte sur la partie orientale de l'île formée par l'Indus et le Féléli, est située sur un rocher escarpé. Elle a des fortifications assez régulières, avec des murs en brique de quinze à dix-huit pieds de hauteur;

mais elle ne tiendrait pas long-temps contre un siége en règle. Le faubourg au nord de la forteresse renferme deux mille cinq cents maisons et dix mille habitans. L'intérieur contient un égal nombre de maisons, et une population moindre de moitié, composée presque entièrement de soldats. On fabrique dans cette ville des mousquets, des lances, des épées et des étoffes brodées. *Kératki* est le principal port du Sindhy; l'entrée en est défendue par un fort construit sur la côte occidentale. Cette place a trois mille maisons, treize mille habitans, et fait toutes les exportations de la province.

Entre l'Indus et le fleuve Padder s'étend un immense désert de sable. C'est là que s'arrêtent la science d'Hérodote et l'audace du conquérant macédonien. La lisière maritime de ce désert forme ce que l'on nomme le district de Coutch, situé sur le golfe de ce nom. Le chef-lieu est Bodje-Booge, ville bâtie sur un sol sablonneux.

Au sud du désert est le Guzurate, qui forme une grande presqu'île, et qui se partage en deux provinces, celle proprement dite Guzurate, et celle de Soreth. Celle-ci est la plus grande. On y trouve établie une tribu de Radjepoutes appelée les Sangariens. Ce peuple exerce, depuis l'antiquité, le métier de pirates dans ses parages, et même sur les côtes de la Perse. Cette province est fertile, mais remplie de montagnes et de forêts. On y fait cinq récoltes par an; le commerce qui se fait dans ses ports est considérable. Le chef-lieu de Soreth est *Junagur*, ville de trois milles de tour, au pied du Ghirnal, montagne au sommet de laquelle s'élèvent plusieurs pagodes environnées de grottes, habitées par des solitaires indous de différentes sectes.

La province de Guzurate a pour capitale *Ahmedabad*, l'une des plus grandes villes de l'Inde, située sur la rivière de Mahindry. Si l'on en croit les historiens persans, elle avait autrefois mille mosquées, était divisée en trois cent soixante quartiers, et s'étendait jusqu'à la ville de Mahmoud-Abad, qui en est aujourd'hui éloignée de dix milles. On y voyait encore, il y a un siècle, onze grandes pagodes indoues, trois hôpitaux pour les animaux, de grands marchés plantés de citronniers et de cocotiers; on y voyait aussi de nombreuses fabriques de brocards d'or et d'argent. Il n'y a maintenant d'habité que le quart de la ville; de toutes parts on aperçoit des ruines; cependant sa position la rend commerçante et agréable. Elle est environnée d'un grand nombre de jardins qui forment l'aspect le plus riant.

Nous allâmes de là à Cambaye, autre ville du Guzurate, située dans le golfe du même nom. Les grands chemins par lesquels nous passâmes sont bordés d'un double rang de cocotiers et d'autres arbres qui logent et nourrissent un nombre incroyable de singes, et servent de retraite à toutes sortes d'oiseaux, surtout à des perroquets. Parmi les singes, il y en a d'aussi grands que des lévriers. Leur couleur est d'un vert brun ; ils ont la barbe et les sourcils longs et blancs, et multiplient presque à l'infini, parce que les Banians qui croient à la métempsychose, ont pour eux toute sorte de ménagement. Ils disent que les ames les plus belles et les plus enjouées choisissent pour retraite le corps de ces animaux.

Les perroquets sont si communs et si apprivoisés qu'ils font leurs nids dans les villes, sur les toits des maisons, comme les hirondelles en Europe. Ceux-ci sont de la grande espèce, et nommés *corbeaux d'Inde*. Il y en a de blancs et de gris de perle ; ils ont sur la tête une houppe incarnate. On les appelle kakatous, mot qu'ils prononcent assez distinctement dans leur chant ; d'autres plus petits, plus estimés pour la beauté et la diversité de leurs couleurs, font leurs nids dans les bois. Ils les attachent au bout des branches d'arbres, et les suspendent en l'air pour empêcher que les serpens ne dévorent leurs petits. Ces oiseaux font un étrange dégât dans la campagne, où ils se nourrissent de grains et de fruits, au détriment des cultivateurs qui, par principe de religion, n'osent ni les tuer, ni les empêcher de manger.

Les Banians ont les mêmes égards pour les canards sauvages, les hérons et les cormorans, dont la rivière est couverte. Le cormoran est cet oiseau que les naturalistes nomment *onocrotalus*, à cause du bruit qu'il fait dans l'eau, quand il y enfonce son bec, et aussi parce qu'en poussant sa voix de toute sa force, il imite le braiment de l'âne. Il a une adresse singulière pour tirer de la coquille des moules la chair dont il se nourrit. Il les avale d'abord, et les garde dans son estomac jusqu'à ce que la chaleur ait fait ouvrir la coquille; alors il les rejette pour prendre le poisson.

Les daims, les chevreuils, les ânes sauvages, les sangliers et les lièvres sont le gibier le plus commun de la province de Guzurate; les buffles, les bœufs, les vaches et les moutons sont les animaux domestiques. Les forêts sont peuplées de lions, de léopards, d'éléphans, comme dans les autres pays de l'Inde. Les rivières fournissent une grande quantité de poissons. Le vin y est remplacé par le tari, qui est une excellente boisson. On tire du riz, des dattes et du sucre, une eau-de-vie plus agréable que celle qui se fait en Europe.

Il n'y a point ici de rivières qui ne nourrissent des crocodiles. Ces animaux font des ravages étonnans parmi le bétail, et même parmi les hommes. Ils se cachent dans l'herbe ou dans les roseaux pour surprendre ceux qui vont chercher de l'eau, qui se baignent, ou qui, en voyageant à pied, marchent le long des rivières. Un homme a de la peine à les éviter à la course, quoiqu'en se détournant souvent, en serpentant, on puisse éluder leur poursuite ; le crocodile n'ayant point de vertèbres au cou ni à l'épine du dos, ou les ayant trop serrés l'un contre l'autre, n'a ni l'adresse ni la faculté de se tourner. Les Indous, qui croient que les ames de ceux qui sont engloutis dans le corps de cet animal, vont droit dans le ciel, se gardent bien de le tuer.

Les crocodiles de ce pays ont douze à quinze pieds de long. Leur couleur est un brun foncé, ils ont la tête plate et pointue ; de petits yeux ronds, le gosier large, avec plusieurs rangées de dents de forme et de grandeur différentes, mais toutes tranchantes ou aiguës. Les jambes du crocodile sont courtes, et ses pieds armés de griffes crochues, longues et pointues. C'est avec ces armes terribles qu'il saisit et déchir sa proie. Sa principale force consiste dans sa queue, qui est aussi longue que son corps. Sa peau, chargée d'écailles, est garnie de tous côtés d'un grand nombre de pointes. On en fait des bonnets si durs qu'ils résisteraient à un coup de hache. La nourriture ordinaire du crocodile est le poisson, qu'il cherche sans cesse au fond des rivières. Cet animal jette une odeur de musc qu'il communique aux eaux qu'il habite; il y a des gens qui se nourrissent de sa chair.

Cambaye est une des plus grandes et des plus belles villes de l'Indostan. Elle est ceinte d'une muraille construite en pierres de taille. Elle a douze portes, des rues droites et larges, et près de deux lieues de circuit. On y compte trois marchés spacieux et quatre citernes publiques capables de fournir de l'eau à tous les habitans. De vastes jardins et de magnifiques tombeaux ornent ses environs. Il se fait dans cette place un grand commerce d'épiceries, de dents d'éléphans, d'étoffes de soie et de coton, et d'autres marchandises qu'on y apporte de toutes parts. Mais une ville beaucoup plus importante, et l'une des plus grandes places de commerce de l'Inde, est *Surate*, située sur la rive orientale du Tapti, à cinq lieues de la mer. Malgré tous les revers qu'elle a éprouvés, son état est encore très florissant.

Cette ville est bâtie en carré, mais du côté de la rivière qui fait un détour, elle forme une espèce de croissant. Toutes les maisons sont plates comme celles de Perse, et la plupart accompagnées de jardins. La grande place est environnée de beaux édifices, et le château qui la termine n'est pas un de ses moindres ornemens. Il a pour fossé la rivière même qui coule au pied de ses bastions, et en rend l'approche difficile; l'extérieur de la plupart des maisons de Surate est aussi orné, aussi riche en ouvrages de menuiserie que l'intérieur de nos appartemens; les dedans sont de la plus grande magnificence. Les murs, les plafonds, les parquets, sont revêtus de porcelaine, et une infinité de vases de la même matière donnent aux chambres qui en sont décorées un air de grandeur, d'opulence, de propreté et de fraîcheur. Les fenêtres ne sont point de verre, comme en Europe, ce sont des écailles de crocodile ou de tortue, ou des nacres de perles dont les différentes couleurs rendent la lumière plus agréable. La plate-forme qui termine les maisons sert à prendre le frais le soir. Ceux qui les habitent y portent leurs lits pour éviter la chaleur concentrée dans les appartemens.

Surate a trois lieues de tour, et renferme quatre cent mille habitans dont une grande partie s'est enrichie par le commerce. Ce sont des Anglais et d'autres Européens, des Juifs, des Américains, des Persans, des Arabes et des Indous. Surate a des manufactures de soieries, de brocards d'or et d'argent, de toiles peintes, d'étoffes de coton, des fabriques d'ouvrages en nacre, en ébène et d'autres bois précieux, ainsi que d'objets d'orfévrerie. Elle exporte aussi des schals de Cachemire, du tabac et du coton grossier, dont les Chinois font le nanquin. Le luxe est très grand dans cette ville. Les riches marchands mènent une vie noble et somptueuse, digne des princes orientaux.

Il n'y a pas moyen de s'ennyer à Surate; outre les agrémens de la société dans la ville, on trouve au dehors des promenades charmantes des deux côtés de la rivière, dans un terroir très fertile. Plusieurs beaux jardins y sont accompagnés de maisons de plaisances qui sont d'une blancheur éclatante, et forment un spectacle admirable au milieu de la verdure. La chaleur de l'air y est adoucie par l'ombrage d'une multitude d'arbres, et par la proximité de l'eau. Mais ce qui est le plus remarquable, est un monastère de fakirs qui ont pris soin de rendre cette retraite aussi agréable que commode. Il est voisin de la rivière, et tout ce que l'art peut employer à perfectionner la nature, a contribué à son embellissement.

On trouve encore dans le voisinage de cette ville une assez belle promenade appelée *le Jardin de la Princesse*, parce qu'il appartenait à une sœur de l'empereur mogol. Ce sont des allées d'arbres de toute espèce, avec des bassins pleins d'eau, d'où sortent des petits ruisseaux qui passent par les principales allées. Nous allâmes voir à quelque distance de ce jardin un grand réservoir d'eau que l'on regarde comme une curiosité du pays, et un monument comparable aux plus beaux ouvrages des Romains pour l'utilité publique. Il a seize angles dont chaque côté a cent pas de long, et est pavé de grandes pierres unies, avec des degrés à l'entour qui règnent, en forme d'amphithéâtre, depuis les bords jusqu'au fond du bassin. On y a ménagé trois descentes en talus pour servir d'abreuvoir, et au milieu de cette eau s'élève un bâtiment où l'on ne peut aller qu'en bateau. On y va pour y prendre le frais ; c'est une partie de plaisir

La piété indienne a élevé dans les environs de Surate un hôpital pour les vaches, les chevaux, les chèvres, les chiens et autres animaux malades, estropiés ou trop vieux pour servir. Là ils sont bien soignés, bien traités jusqu'au terme naturel de leur vie. Près du même édifice on en voit un pour les poux, les puces, les punaises et toutes les autres espèces de vermine qui se nourrissent du sang humain. Pour les régaler de temps en temps, les dévots indous paient un pauvre homme qui passe une nuit sur un lit dans cet hôpital, et dans la crainte qu'il ne les écrase avec ses mains, ou que la douleur ne l'oblige à se retirer avant que les insectes ne soient rassasiés, on a la précaution de l'attacher de manière que rien ne puisse les troubler dans leur repas. Cette vénération des Indous pour les animaux s'étend aussi sur les arbres, et il en est quelques-uns qu'ils regardent comme sacrés et qu'ils accompagnent d'une pagode.

Le territoir des environs de Surate est naturellement si fertile qu'il n'a pas besoin d'engrais. Le climat est fort chaud, mais il est tempéré par des pluies douces et par des vents qui règnent dans certains mois. C'est ce mélange d'humidité et de chaleur qui fertilise la terre, et fait le plus beau pays du monde d'un terrain qui serait naturellement sec et inhabitable. Le blé y vient en assez grande abondance pour la nourriture d'une assez grande ville. Il se sème immédiatement après la saison des grandes pluies, temps où la terre est plus propre à être labourée ; les rosées qui tombent chaque jour suffisent pour la rendre féconde. Le riz y croît facilement ainsi que les cannes à sucre. Des palmiers de toute espèce et des fruits de toutes saisons réunissent l'utile et l'agréable. Le raisin est blanc et assez gros, mais n'est point d'un bon goût. On n'en fait qu'un vin aigre, qui ne peut se boire qu'un y mettant du sucre. Surate et son canton sont sans contredit la plus belle partie de la province de Guzarate, comme celle-ci est la plus belle province de l'Indostan. Elle formait un royaume particulier et portait le nom de *royaume de Cambaie*.

Nous n'avons fait que passer dans la province d'*Ajymere*. Ce nom désigne en général tous les états héréditaires des Radjepoutes. Il est aussi celui d'un circar particulier, dont le chef-lieu, nommé de même, est une ville grande et célèbre, qui à trois lieues de tour, et renferme de beaux édifices. C'est là seulement que nous avons fait une station. Les rues de cette ville, comme celles de presque toutes les villes de l'Indostan, sont étroites. Elles forment, ainsi que les maisons, un contraste remarquable avec les superbes édifices en marbre blanc que l'empereur Akbar à fait construire,, et qu'il a fait accompagner de magnifiques jardins plantés sur une colline. A quelque distance de cette place, et au milieu des montagnes, on nous a fait voir un étang sacré, nommé *Pokhas*, où se rassemblent une foule de pélerins pour se baigner. La plupart disent des prières pendant toute la durée du bain, et ils en sortent persuadés qu'ils sont entièrement purifiés.

Au sud-est d'Adjymere, nous avons gagné la province de *Malvah*. *Ougein*, sa capitale, située dans une vaste plaine, renferme plusieurs monumens remarquables, entre autres un grand nombre de pagodes construites en forme pyramidale, et un observatoire. Les eaux de la Sépra qui coulent auprès de la ville passent chez les Indous pour sacrées, opinion très favorable à Ougein où elle attire une multitude de pélerins. Nous avons pareillement visité *Kalléade*, jolie petite ville, sur la Sépra, ancienne résidence des rois de Malvah; et *Indore*, grande ville éloignée d'Ougein d'environ seize milles, qui ne contient que des cabanes de bambou et de terre glaise.

Dans la partie orientale de Malvah, où coule le Betwal, on remarque *Bonpal*, ville de deux lieues de tour, située près d'un lac rempli de crocodiles ; *Sérondje*, place qui fait commerce de toiles peintes ; et *Chaudery*, qu'on prétend avoir renfermé quatorze mille maisons et deux mille mosquées. Elle est bien déchue de sa splendeur. On y fabrique encore des étoffes de coton très fines. Le Malvah, peuplé de tribus guerrières et sauvages, se partage entre deux principautés mahrattes : les *Holkar*, dont Indore est la capitale, et les *Scindiah*, dont Ougein est la résidence. Ces princes, qui lèvent chacun des armées de trente à soixante mille hommes, se font redouter dans toute l'Inde centrale, et tiennent le premier rang dans la confédération mahratte.

En remontant au nord, on rencontre la Soubabie d'*Agra*, dont le sol est fertile en riz, légumes, fruits, indigo et cochenille. Les bestiaux de cette province sont de belle race; on dit que les buffles femelles donnent jusqu'à cinquante livres de lait par jour. Le climat est chaud et sec; il y pleut considérablement pendant les mois de juillet et d'août; le temps est ordinairement serein depuis novembre jusqu'en mai. Durant cette partie de l'année, le vent souffle constamment du nord-ouest, mais dans les mois de mai et de juin il vient de l'ouest. Pendant ces mois l'horizon est chargé d'épaisses vapeurs le soir et le matin, et le vent amène tant de poussière que l'air en est souvent obscurci. Ces nuées de poussière sont quelquefois suivies de pluies rafraîchissantes. L'hiver commence en décembre, ne dure guère que jusqu'au mois de mars, et n'est jamais rigoureux.

La capitale appelée *Agra*, comme la province, est une ville très grande qui s'étend en croissant sur les rives de la Djumma, dans une vaste plaine. Elle a sept milles de long, sur trois de large. Il

RUINES D'AGRA.

ne lui reste plus qu'un petit nombre des monumens auxquels elle devait sa splendeur, et qu'Akbar avait fait construire. Le plus remarquable est le palais de ce prince, un des plus beaux édifices de l'Asie. Assis sur une éminence, ses murs de granit rouge paraissent d'un seul bloc de pierres; il se développe en forme de croissant sur les bords du fleuve, et y laisse une grève qui sert de port. De nombreux bateaux de charge et de plaisance y abordent sans cesse. La grande place du palais, plantée de platanes, sert de marché trois jours de la semaine. Une belle galerie forme le pourtour de cette vaste place, où l'on arrive par six arcs de triomphe qui terminent autant de grandes rues. Au milieu de la place, un éléphant en pierre jette de l'eau par sa trompe.

Le palais a deux galeries immenses ornées de vingt-quatre colonnes doubles de marbre blanc, avec des piédestaux de granit bleu et des chapiteaux de mica jaune.

La mosquée du palais est toute en mica ; on la prendrait pour une bonbonnière d'un caillou précieux. Dans les appartemens, l'or, le marbre et les sculptures en pierres rouges, jaunes et noires, sont prodigués avec profusion. Autour du grand palais sont rangés symétriquement sept petits palais de marbre pour les princes. Le palais impérial était originairement entouré d'un fossé double, large et très profond, toujours rempli d'eau. Aujourd'hui le fossé extérieur est en ruines, la grande route le traverse; la grande mosquée dépérit de jour en jour; on n'aperçoit plus que bâtimens dégradés. Les plus belles rues de la ville sont d'une largeur convenable, mais les autres, et c'est le plus grand nombre, sont si étroites, qu'un palanquin n'y passe que difficilement. Le nombre des maisons n'est pas proportionné à l'étendue du terrain qu'occupe la ville, parce qu'une partie est accompagnée de jardins, ce qui éloigne les bâtimens les uns des autres. Agra devait autrefois son état florissant à l'industrie de ses habitans. La ville était remplie de magasins, d'ateliers, de boutiques, de marchés, de caravanserais. Son commerce est considérablement déchu, cependant on y trouve encore beaucoup de marchands indigènes et étrangers, mais sa population est considérablement diminuée de ce qu'elle était au temps de sa splendeur.

A près de six milles de distance, sur la route qui conduit à Delhy, on voit à Sekendery le mausolée de l'empereur Akbar, édifice immense qui s'élève au milieu d'un jardin planté de grands arbres, d'arbres à fruits et d'arbustes à fleurs. Le monument a cinq étages ; une des tours qui termine le plus élevé, est renversée ; les dômes qui surmontent les autres sont très endommagés. Les rayons du soleil pur des régions orientales, dardant en plein sur cet édifice composé de pierres rouges et de marbre blanc, produisent un éclat dont on ne peut se faire une idée qu'après l'avoir vu, et qu'il est impossible de rendre.

La solitude qui règne dans ces jardins abandonnés porte involontairement à la tristesse et à la rêverie. Après avoir contemplé avec admiration ce monument d'un empereur dont les exploits ont retenti dans tout l'univers, et mieux connu encore par son humanité, sa générosité et son amour pour les lettres, nous fûmes jaloux de fixer un instant les regards sur les restes d'un grand homme; un vieux mollah qui garde les clefs de l'intérieur, eut la complaisance de nous y conduire. Là nous vîmes le sépulcre dans une vaste salle qui occupe tout l'espace, et qui se termine par un dôme au haut duquel des fenêtres donnent passage à un demi-jour religieux. Les murs sont revêtus de marbre blanc. Au centre s'élève le sarcophage aussi de marbre blanc sur lequel on lit simplement le nom d'Akbar. Du sommet des minarets placés à la partie antérieure de l'édifice, la vue s'étend à plus de trente milles sur une plaine immense parsemée des débris de son ancienne grandeur. On aperçoit dans le lointain la Djumna et les tours brillantes d'Agra.

En quittant cette ville, on remonte la Djumna, et l'on arrive à *Delhy*, ancienne capitale des empires Patan et Mogol. La province qui porte le même nom, s'étend au nord d'Agra, depuis le Gange jusqu'à la rivière de Setledje et jusqu'aux montagnes de Sewalik et de Kumaoun. Moins fertile que celle d'Agra, cette province bien cultivée donne trois récoltes de riz chaque année. Une grande partie du sol y est inondée par des pluies périodiques. Dans le nord, un froid très vif se fait sentir dans la mauvaise saison.

Delhy, au temps de sa splendeur, couvrait un espace d'environ vingt milles carrés. Aujourd'hui ses ruines occupent un emplacement presque aussi considérable. L'enceinte qui est à peu près de sept milles est entourée de trois côtés d'un mur en briques et en pierres. Le collége mahométan est fermé et désert. Les palais somptueux des omras, ou grands de l'empire, n'offrent que des restes de constructions. La citadelle de Selimghor, l'observatoire, les jardins de Chalimar, tout a été dévasté, pillé, détruit. L'étendue du palais de l'empereur est immense ; à peu de distance est la mosquée devant laquelle, en 1739, le farouche Chah-Nadir se plaça pour voir le massacre des infortunés habitans de cette cité.

Toutes les rues, à l'exception de deux, sont étroites; la plupart des maisons sont en briques. Les bazars en assez grand nombre sont mal fournis. On dit que, sous le règne d'Aurengzeb, on comptait à Delhy deux millions d'habitans. Ce nombre évidemment exagéré est extrêmement réduit. Le commerce qui s'y fait est peu important. On y fabrique encore des toiles de coton et de l'indigo. C'est à Delhy que réside le successeur nominal des empereurs mogols. Le gouvernement anglais lui a concédé la jouissance des revenus de ce territoire, on lui accorde le titre de majesté ; il a une cour et des grands officiers ; c'est à quoi se borne son autorité, car il est gardé par une force armée composée d'une garnison anglaise, dont le commandant reçoit l'ordre secret de faire éprouver à ce prince malheureux, ainsi qu'à ses frères, toutes les humiliations et les contrariétés possibles, tout en conservant ostensiblement l'apparence du respect. C'est du moins ce que j'ai eu occasion d'apprendre d'un officier écossais dont le hasard m'avait procuré la connaissance, et qui était sur le point de retourner en Europe. La dernière fois que je le vis, il me parut très mécontent ; je hasardai de lui en faire la remarque, et il m'en fit connaître la cause avec toute la franchise d'un brave militaire.

« Vous savez, me dit-il, que le gou-

« verneur suprême des Indes m'avait
« nommé à la place importante de comman-
« dant des forces qui composent la garde
« des fils de Tipoo-Saïb. La situation de
« ces princes infortunés me pénétra de
« douleur, et, en dépit de mes instruc-
« tions, je formai la résolution d'adoucir
« leur sort, autant qu'il dépendrait de
« moi, sans manquer aux devoirs de ma
« place. Ainsi agissant d'une manière tout-
« à-fait contraire à celle de mon prédéces-
« seur qui avait doublé le poids de leurs
« chaînes, par tous les genres de vexa-
« tions, je tâchai, par mes soins et mes
« bons procédés, d'effacer à leurs yeux
« l'injustice du gouverneur des Indes.
« Fort de ma conscience, je mettais cha-
« que jour en œuvre ce que je trouvais
« de plus propre à améliorer leur situa-
« tion, et j'en étais pleinement récom-
« pensé par les marques de reconnaissance
« que me prodiguaient ces illustres cap-
« tifs. Mais un de ces traîtres que la com-

« pagnie ombrageuse et jalouse de sa do-
« mination, solde pour espionner des
« hommes d'honneur, dévoila ma con-
« duite au lord gouverneur du Bengale.
« Je fus arrêté sur la dénonciation du
« misérable espion, et traduit immédia-
« tement devant une cour martiale qui, ne
« me trouvant pas suffisamment coupable
« pour me condamner, m'acquitta ; mais
« en même temps on me destitua de mes
« fonctions, et l'on me fit accepter un
« congé pour retourner en Europe. Ce
« n'est pas assurément mon emploi que
« je regrette, mais je suis indigné de
« voir que l'on ne choisit pour garder
« les princes mogols que des hommes sans
« honneur comme sans pitié, que l'on
« récompense ensuite de leur conduite
« inhumaine, comme s'ils avaient bien
« mérité de la patrie. Je regrette de voir
« ces malheureux princes livrés de nou-
« veau à quelque commandant barbare,
« dont les traitemens leur seront d'autant

« plus pénibles que je les avais accoutu-
« més à des procédés plus convenables à
« leur dignité. Si vous les connaissiez,
« vous jugeriez, comme moi, qu'ils sont
« dignes d'un meilleur sort. Au sein de
« l'infortune, ils savent conserver un
« caractère et un courage au-dessus de
« tout éloge. L'aîné attira plus particu-
« lièrement mon attention; il est d'une
« belle stature, sa physionomie est noble
« et expressive, et il possède les qualités
« les plus solides et les plus essentielles.
« Depuis qu'il est détenu, il s'est occupé
« de l'étude des langues, il en a parfaite-
« ment saisi le mécanisme, et en parle
« plusieurs avec une extrême facilité,
« surtout la langue anglaise, qu'il lui
« était plus important de savoir que toute
« autre, ne fût-ce que pour se plaindre
« de la tyrannie de ses oppresseurs. Mais
« la perte de sa liberté, celle de son em-
« pire, le font souvent tomber dans une
« sombre mélancolie que ses frères par-

« tagent; car ils savent qu'ils sont con-
« damnés à mourir dans les fers, et on ne le
« leur dissimule pas. Quant à moi, je me
« serais cru coupable si, oubliant les égards
« dus au malheur, j'avais pu cesser d'être
« juste et humain, à leur égard. » Tel est
le récit que me fit l'officier écossais dont la
conduite mérite le plus sincère éloge.

Ce n'est pas sans regret que nous avons
quitté Delhy pour aller visiter la province
de *Sirinagor*, située entre les montagnes
de Sewalik et celles de Himalaya. L'idée
que nous présentait une marche à travers
ces montagnes presque toujours couvertes de neige, nous avait presque effrayés,
mais nous avons été surpris agréablement
en voyant une magnifique vallée arrosée
par diverses rivières. Elle se compose de
cinq plaines. Celle du centre s'étend au-delà de la première chute du Gange, et renferme la capitale dont le nom est le même
que celui de la province.

Cette ville est de forme ovale; sa longueur est d'un quart de lieue, mais sa position n'est ni salubre ni agréable; ses maisons sont bâties en pierres et couvertes en ardoises, la construction en est grossière; les rues sont étroites. Le palais du radjah, plus grand, plus considérable que les autres bâtimens, n'offre rien de remarquable. Ce prince fait un parfait accueil aux étrangers; son habillement est aussi simple que sa demeure; il ne porte pas le moindre joyau, pas le moindre ornement, en un mot rien de ce qui constitue la pompe des souverains. Son revenu ne se monte qu'à environ cinq cent mille roupies, sur lesquelles il est obligé d'en donner vingt-cinq mille au radjah de Gorkha dont il est tributaire. Il tire ce revenu des droits de transit imposés sur les marchandises qui alimentent le commerce entre le Thibet et l'Indostan, des mines de cuivre qui abondent dans son territoire, et des permissions qu'il accorde pour chercher de l'or dans le sable de plusieurs rivières.

On rapporte que, lorsque l'empereur Akbar s'occupait de faire le cadastre de ses états pour en déterminer le revenu, un radjah de Sirinagor, ayant reçu l'ordre de montrer la carte de son pays, sortit et revint avec un cheval très maigre; puis s'adressant à l'empereur : « Mon pays, « dit-il, ressemble à cet animal; tout haut « et tout bas, et très pauvre. » Ce tableau, qui n'était que trop fidèle, produisit sur le monarque une impression si vive qu'il exempta ce radjah de tout tribut. La conduite d'Akbar, en cette occasion, pourrait servir de leçon aux princes qui chargent leurs peuples d'impôts sans faire distinction des riches et de ceux qui le plus souvent ont à peine le nécessaire.

Avant de nous enfoncer dans la province de Sirinagor, nous nous sommes arrêtés dans une autre ville appelée *Herdouar* qui fait aujourd'hui partie des possessions anglaises. Elle est très petite, et n'a que fort peu de maisons, mais tou es bâties en briques. Elle est située au point où le fleuve, sortant du pays montagneux, se répand dans la plaine. Les Indous regardent cette ville comme sacrée au plus haut degré. Le Gange s'y partage en trois bras, et se baigner au point où cette séparation s'opère, est un acte auquel sont attachées une vertu et une sainteté particulière. On célèbre à cet effet une grande fête annuelle, qui tous les douze ans a lieu avec une pompe extraordinaire. Le concours des pèlerins qui s'y rendent de toutes les provinces de l'Indostan et de pays bien éloignés de sa limite septentrionale, est immense. Il s'élève presque toujours des contestations violentes entre les différentes sectes; c'est à qui obtiendra la direction suprême pendant la durée de la fête. Les premiers qui s'en emparent défendent à toute autre classe de porter des armes, et lèvent des contributions sur les pèlerins, sans en rien remettre aux maîtres du pays. Mais depuis que les Anglais sont maîtres d'Herdouar, ils ont pris toutes les mesures nécessaires pour maintenir l'ordre et la paix au milieu de la foule tumultueuse des dévots qui, tout en venant faire un acte de piété, se faisaient souvent une guerre à mort.

Des réglemens de police très sévères ont défendu de se présenter avec des armes. Des gardes placés à tous les points principaux empêchèrent les rassemblemens et les disputes, et cette multitude d'êtres humains tous en mouvement, se porta de côté et d'autre sans le moindre accident, et tout étonnés de n'être point rançonnés comme ils l'étaient auparavant. Cette réunion n'a pas seulement la dévotion pour but. Il se tient à cette occasion à Herdouar une foire considérable où il se fait un commerce immense. Cette ville est le point central par lequel les provinces arrosées par le Gange et celles du Décan communiquent avec le Pendjab, le Cachemire et les pays au-delà de l'Himalaya.

Toutes les productions des contrées comprises dans l'Indostan ou qui environnent cette vaste presqu'île, sont déposées à Herdouar dans un vaste magasin qui malheureusement n'est pas disposé de manière à ce qu'elles puissent y être arrangées et placées convenablement. On se contente de les jeter dans un coin vide, et lorsque on en a besoin, il faut les chercher au hasard, et on a quelquefois bien de la peine à les trouver. Il semble qu'en raison de la multitude prodigieuse des dévots trafiquans, le gouvernement britannique ferait bien de construire une longue rangée de boutiques qui formeraient une rue. Ce serait extrêmement commode pour les marchands qui ne se refuseraient pas à payer un droit suffisant pour dédommager des avances qui auraient été faites.

Ce pays est tellement hérissé de montagnes, qu'il faut surmonter des difficultés incroyables pour passer d'une ville à une autre. On est souvent obligé de traverser des sentiers qui ont à peine un pied de large, placés entre des précipices d'une immense profondeur. Tandis que les voyageurs ne s'avancent qu'avec une circonspection craintive, les gens du pays parcourent ces sentiers avec une agilité intrépide.

Dans la vallée, on voit des arbres, des fruits et des fleurs semblables à ceux de l'Europe : des abricotiers, des pêchers, des fraises, des framboises, des roses blanches et des pieds d'alouette. Les flancs des montagnes sont cultivés avec soin en orge et en froment. Les engrais, négligés dans l'Indostan, sont ramassés avec attention et employés avec intelligence. Les femmes aident les hommes dans les travaux des champs ; elles se mêlent librement à la foule qui se rassemble ordinairement quand il s'agit de voir des étrangers. Il est des cantons où l'on rencontre une infinité de femmes toutes jeunes et très jolies. Elles sont grandes, fortes, ont le teint frais, et quoique vêtues d'étoffes communes, elles sont chargées de colliers, d'anneaux, et d'autres ornemens d'or et d'argent qui annoncent l'aisance.

Indépendamment des pélerinages qui ont lieu à Herdouar, il s'en fait aussi à Bhadrinâth et à Kedarnâth, où se trouvent des temples fort révérés. Celui de Bhadrinâth ne répond pas à l'idée qu'on a pu se faire de sa magnificence, d'après sa grande réputation dans toutes les parties de l'Indostan, et le concours de pélerins qui y arrivent des régions les plus éloignées. Ce temple a la forme d'un cône, avec un toit en cuivre; une boule dorée, surmontée d'une pointe, s'élève sur son sommet. Du vestibule, le seul endroit où l'on entre, on aperçoit le sanctuaire dans lequel Bhadrinâth est assis. Quelques lampes répandent une lumière sombre et mystérieuse; on voit assez distinctement une figure en pierre noire, haute à peu près de trois pieds, et couverte d'une riche draperie, de brocard d'or et d'argent qui brille dans l'obscurité.

On présente aux pélerins un vase d'argent pour recevoir leur offrande, et en retour on leur fait de petits présens d'objets réputés sacrés. L'exiguité des dons terrestres est compensée par la générosité des promesses des biens célestes, et de l'exemption de la transmigration des ames aux personnes qui ont fait des donations considérables. Une autre source de vertu purifiante découle des bains dans les fontaines sacrées, qui sont assez nombreuses, quelques-unes très froides, les autres chaudes. Il faut payer des droits à chaque pas de ce grand chemin du paradis, de sorte que si, à son départ, le pélerin trouve le poids de ses péchés diminué, il s'aperçoit aussi que celui de sa bourse est allégé dans la même proportion.

Ceux que l'on rencontre à Bhadrinâth sont les plus pieux et les plus hardis des pélerins qui sont allés précédemment à la grande foire d'Herdouar. Ils vont d'abord à Kedarnâth, qui est à quinze milles de distance en droite ligne. De là, la route est tellement obstruée par des couches de neige, qu'ils sont obligés de faire un détour qui leur prend neuf jours de plus; il arrive cependant qu'un grand nombre périt dans les neiges. Quelques-uns déposent tout leur bien aux pieds de la divinité et retournent chez eux en mendiant. On a vu des gens dont les dons s'élevaient à plusieurs sacs de roupies. D'autres, pour gagner le ciel à peu de frais, exagèrent leur pauvreté, et obtiennent de la sanctification, moins copieusement à la vérité, mais aussi à meilleur marché.

Les revenus fixes du temple sont très considérables, car il est propriétaire de sept cents villages et des terres qui leur sont contiguës. Quand le radjah de Sirinagor éprouvait le besoin de remonter ses finances, il avait coutume de jeter les yeux sur ces dépôts sacrés. En traitant avec les prêtres pour un emprunt qu'ils lui accordaient à regret, il leur assignait pour gage plusieurs villages, dont la valeur était moindre que celle de l'argent qu'on lui avançait, et il ne les rachetait jamais. Quoique les revenus territoriaux du temple soient considérables, on suppose que les contributions volontaires rapportent beaucoup plus encore.

La Compagnie anglaise, devenue souveraine d'une partie des provinces du Sirinagor, a poussé ses conquêtes jusque dans le *Népâl*, et s'est fait céder par le prince possesseur de cet état la partie de territoire qui avoisine le Bengale, et se trouvait par cette raison à sa bienséance. Cette circonstance nous a facilité la visite de ce pays qui renferme une infinité de montagnes dirigées dans divers sens, et séparées par des vallées profondes et très étroites. Ses plaines sont beaucoup plus élevées que celles de l'Indostan. Le climat y est le même que dans l'Europe méridionale, et le sol étant bien arrosé, est très fécond, lorsqu'on le cultive convenablement. Les forêts sont de la plus grande beauté; la terre est émaillée de fleurs charmantes; mais les variations trop sensibles du froid et de la chaleur empêchent les fruits d'arriver à maturité, à l'exception des orangers et des ananas qui y sont exquis. Les plantes potagères n'y réussissent pas plus que les fruits.

C'était autrefois une idée généralement reçue dans l'Indostan, que le Népâl renfermait de l'or, et le désir de posséder les mines de ce précieux métal a suscité plus d'une guerre aux souverains de ce pays. Il est aujourd'hui reconnu qu'il ne s'y trouve que des grains d'or épars dans les rivières. Mais le cuivre et le plomb y sont abondans. Le premier de ces métaux est le plus exploité, et comme il a dans l'Indostan une valeur plus considérable qu'en Europe, il procure beaucoup de profit. On y trouve aussi du fer qui est de si bonne qualité, que pour en faire des couteaux et des épées, on n'a pas besoin de le convertir en acier.

Entre le Népâl et le Thibet est un pays montagneux appelé le *Koutchar*, dont l'étendue comprend environ douze lieues du nord au sud. Les rochers immenses dont il est hérissé sont entrecoupés par des précipices épouvantables, et terminés par des pics extrêmement aigus. Partout où les flancs ne sont point perpendiculaires, des neiges les couvrent en toutes saisons. Quelques vallées étroites offrent à l'œil du voyageur d'assez beaux pâturages; on peut même y cultiver des grains; mais dans la partie la plus haute règne un hiver éternel.

Quelques torrens se fraient un passage à travers ces affreux défilés, arrivent du plateau du Thibet, mais par des ouvertures si étroites, et dominées par des précipices si prodigieux que l'on ne peut guère trouver un chemin le long de leurs bords. Les seuls chemins par lesquels les voyageurs peuvent passer pendant environ trois mois seulement, sont formés par un torrent qui coule au nord, et qui, à sa source, en rencontre un autre se dirigeant au sud.

Cette région alpine du Népâl manque des animaux précieux qui caractérisent le plateau situé au nord de l'Himalaya. Elle n'a ni le yac, ni la chèvre qui donne la laine des schalls, ni le sel gemme, ni le borax. Cependant on y rencontre le lâh, nommé kestoura ou népâl. Elle renferme des mines de soufre, de plomb, de zinc. On y voit de très beaux oiseaux, et ses productions végétales sont très remarquables, particulièrement en raison de leur ressemblance avec celles du nord de l'Europe. On y voit aussi des espèces de pins, de sapins, de génévriers, d'ifs et de bouleaux. Enfin l'on y trouve le djatamangsi, valériane recherchée dans l'Indostan comme un excellent parfum, et le bich;

poison mortel, dans lequel les Gorkhalis trempent la pointe de leurs flèches.

Les Aborigènes du Népâl ont les traits du visage à peu près semblables à ceux des Chinois. Il paraît que dans l'origine ils ne connaissaient pas les castes. Les tribus qui occupaient le pays étaient les Magars, les Gourongs, les Djaridjas, les Nevars, les Mourmis, les Kiraouts, les Limbous, les Laptchas et les Boutias. Les Magars, qui habitaient une portion considérable des montagnes inférieures dans l'occident, furent convertis les premiers, au moins pour ce qui concerne l'abstinence du bœuf. Ils composent aujourd'hui la grande majorité des troupes régulières entretenues par la dynastie des Ghorkas.

Les Gourongs étaient des pasteurs qui fréquentaient pendant l'été la région alpine, et en hiver retournaient dans leurs vallées. Un grand nombre d'entre eux professe encore le bouddhisme. Ils sont souvent mêlés avec les Boutias, cultivent aussi la terre, exploitent les mines, et font le commerce; leurs moutons leur servent de bêtes de somme. Les Djaridjas forment une tribu nombreuse, et vivent dans le pays montagneux inférieur; presque tous professent le brahmisme.

Les Nevars habitent le Népâl proprement dit. C'est une race agricole et commerçante. Elle est beaucoup plus avancée dans les arts que les tribus des montagnes. On reconnaît dans leur architecture, et dans tous les objets d'art auxquels ils se livrent, le caractère propre aux ouvrages thibétains. Ils professent le bouddhisme, et ne reconnaissent point les lamas. Ils ont leurs prêtres particuliers. D'un autre côté ils ont adopté la distinction des castes qui fait partie du brahmisme, que quelques-uns d'eux ont embrassé. Les Nevars brûlent leurs morts, et mangent de la chair d'animaux; tous boivent des liqueurs spiritueuses, même avec excès.

Les Nevars habitent des villes et des villages; leurs maisons sont bâties de briques cimentées avec de l'argile, et couvertes en tuiles; les briques sont faites avec art; les maisons bien construites ont un rez-de-chaussée et deux étages; le bas est pour le bétail et la volaille, le premier pour les domestiques, le second pour les maîtres. L'intérieur est fort sale et rempli de vermine, ce qui, joint aux restes des boucheries et au sang des victimes offertes en sacrifice aux dieux, et qui coule dans les rues, rend les villes dégoûtantes.

Les femmes Nevares ne sont jamais recluses. Quand une fille a atteint l'âge nubile, ses parens la fiancent, avec son consentement, à un homme de la même caste, et lui donnent une dot qui devient la propriété de l'époux. Ces femmes ainsi que celles Nagars tissent des toiles de coton grossières qui servent à l'habillement de la classe moyenne et de la classe inférieure. Les femmes des Boutias font des couvertures de laine qui sont d'un usage général dans la saison froide. Les militaires seuls sont habillés de drap d'Europe.

Dans la partie la plus agreste et la plus montagneuse du Népâl propre, vivent les Maurès, regardés comme une branche des Boutias. Ils ont été tellement persécutés par les Gorkhalis, qu'une partie a quitté le pays ; ils sont bergers et portefaix, ce sont des hommes très robustes. Les Kiraouts, les Laptchas et les Boutias sont restés. Les mahométans sont devenus nombreux, et s'augmentent par leur zèle à propager leur religion, et leur empressement à acheter des filles.

Enfin, il y a des Indous, les uns de race pure, en petit nombre, d'autres de race mêlée, issus de mariages avec les indigènes. Tous sont représentés comme perfides et cruels, et en même temps arrogans et abjects. Les brahmes même ;

mènent une vie désordonnée : ils sont d'une jalousie excessive, et cachent leurs femmes ; celles-ci doivent se brûler à la mort de leurs époux ; mais comme cet usage n'est point aussi général au Népâl que dans l'Indostan, la plupart s'en dispensent. Le lieu de ce sacrifice est singulièrement triste et sauvage, la vue seule en est propre à faire reculer d'effroi.

La grande vallée du Népâl est à peu près de forme circulaire ; les nombreux ruisseaux qui l'arrosent, versent leurs eaux dans le Bhagmoutty, qui coule au sud, s'ouvre un passage dans les montagnes, et entre dans le Terriany. Cette rivière est regardée comme sainte par les Indous du pays. Les courans d'eau sont employés à faire mouvoir des moulins à grain, genre d'industrie qui n'existe pas dans l'Indostan.

Les Nevars fondent des cloches ; ils font aussi des vaisseaux de cuivre et de laiton, des vases et des lampes de fer ; ils en expédient dans le Thibet. Ils fabriquent avec l'écorce d'un arbrisseau, du papier qui est fort et excellent pour l'emballage des marchandises. Ils sont bons charpentiers, quoiqu'ils n'aient pas d'autres outils que le ciseau et le maillet, et qu'ils ne connaissent point l'usage de la scie. Leurs sabres, leurs épées, leurs couteaux sont d'un bon travail. Ils ont essayé de faire des armes à feu; ils ne sont pas encore parvenus à y réussir.

Ces peuples ne paraissent pas avoir jamais été guerriers; l'agriculture et les arts mécaniques les occupent principalement. Ils sont d'une taille moyenne, nerveux, robustes; ils ont la poitrine et les épaules larges, le visage allongé et un peu aplati, les yeux petits, le nez peu proéminent et légèrement épaté. Leur physionomie est ouverte et gaie. Les femmes ont généralement le teint coloré; la plupart sont d'une couleur cuivrée; il en est qui ont des figures agréables.

Les Nevars se distinguent par une grande simplicité de mœurs et de caractère ; ce sont des hommes paisibles, industrieux, ingénieux même, fortement attachés aux superstitions qui leur ont été transmises par leurs ancêtres. Aujourd'hui qu'ils sont soumis aux Gorkhalis, ils semblent supporter le joug de ces nouveaux maîtres sans impatience.

Khathmandou, ville principale du Népâl, et résidence du radjah, est située sur la rive gauche du Bichenmoutty ; sa longueur est à peu près d'un mille, sa largeur est peu considérable. Son nom dérive du grand nombre de ses pagodes en bois ; c'est en effet une des particularités de cette ville. Il y a néanmoins beaucoup de temples en briques, avec trois ou quatre toits en pente, comme ceux de Thibet. Ils vont en diminuant à mesure qu'ils s'élèvent, et se terminent en pointes qui, de même que les étages supérieurs, sont dorées, ce qui produit un effet très agréable.

Les maisons sont bâties de briques et couvertes en tuiles; les toits ont une pente vers la rue. Il y a des maisons de trois et même de quatre étages. Toutes ont une chétive apparence. Le palais du radjah est grand, et n'a d'ailleurs rien qui le distingue. Les rues sont étroites et sales. Le nombre des maisons est d'environ cinq mille et la population de vingt mille ames. Près du palais du radjah est le temple de Toulasi Bhavani qui, conjointement avec Gorak Hanath, est la divinité tutélaire de la famille régnante. Cette divinité est représentée par une figure cabalistique; et, afin d'inspirer plus de respect à la multitude, on n'admet dans ce sanctuaire que le radjah et sa famille, le rani, leur guide spirituel, et le prêtre qui officie.

Lalita Patan, autre ville de la vallée du Népâl, sur une élévation, est à peu près à un mille et demi au sud de Khatmandou. La Bhagmoutty sépare ces deux capitales. Lalita Patan fut jadis plus considérable; un radjah indépendant y faisait sa résidence; on y compte encore aujourd'hui vingt-quatre mille ames. Elle est plus jolie et plus propre que Khatmandou. Bhatgong, troisième ville de la vallée, est le séjour favori des brahmes népaliens qui ne se distinguent ni par leur savoir ni par leur dévotion.

Vis-à-vis de Khatmandou est Saumbounath, temple situé sur une colline isolée qui s'élève brusquement à cinquante toises au-dessus de la plaine; on y arrive par un escalier taillé dans le roc, dont les côtés sont bordés de grands arbres, et au pied duquel est une statue colossale de Bouddha en pierre. Saumbounath est un édifice très ancien. Le premier objet qui fixe l'attention quand on en atteint le sommet, est une construction cylindrique en maçonnerie, haute de plus de quatre pieds et de trois de diamètre. Ce piédestal soutient une plaque de cuivre circulaire, couverte de figures et de caractères gravés, qui porte un bedjesban doré, ou la foudre d'Indra, ressemblant beaucoup plus à un double sceptre.

Le temple est situé au milieu d'une terrasse, et se distingue de loin par ses obélisques couverts de plaques de cuivre très bien dorées. L'intérieur ne consiste qu'en une seule pièce, tellement remplie de fumée et garnie de toutes sortes d'ustensiles, qu'elle ressemble plutôt à une méchante cuisine qu'au temple d'une divinité. Un prêtre, assis entre deux vases profonds et remplis de ghi, est occupé à garnir une quantité de lampes. Ce temple est surtout célèbre par son feu perpétuel. On dit que la lumière des deux plus grandes lampes se conserve de temps immémorial.

La vallée du Népâl contient presque autant de temples que de maisons, et autant d'idoles que d'habitans. Les offrandes que l'on fait dans les grands temples consistent en buffles, dont la chair sert à nourrir les prêtres, qui en mangent sans scrupule, parce qu'une révélation leur a appris qu'il était permis aux prêtres nevars de se nourrir en tout temps de cette espèce de viande.

Les revenus du radjah proviennent de domaines qui sont très vastes, du produit des mines, et des droits sur le commerce levés d'une manière très arbitraire. L'entretien de l'armée avait anciennement lieu par la concession de terrain, soit au soldat, soit à l'officier qui, dans ce cas, était obligé de fournir un certain nombre d'hommes; mais comme il ne résultait de ce mode qu'une troupe irrégulière et mal réglée, les Gorkhas ont introduit une discipline plus rigoureuse. L'étendard de guerre est de couleur jaune, et représente la figure de Houniman, singe colossal et demi-dieu indou.

LETTRE XV.

INDE EN-DEÇA DU GANGE. — Benarès. — Le Bengal. — Calcutta, etc.

Après avoir exploré le Népâl, nous sommes rentrés dans l'Indostan, à l'effet de gagner la province d'Oude, gouvernée par un nabab, vassal et prisonnier des Anglais, qui ont une garnison dans les principales villes, et touchent à peu près le tiers des revenus. Le sol de ce pays est de la plus grande fertilité. Une ville fort ancienne et très spacieuse, située sur la rivière de Dewa, portant le même nom que la province, en était la capitale. Elle est aujourd'hui dépeuplée, et déchue de sa splendeur originelle. Il y reste beaucoup de monumens, entre autres, un temple vaste, auprès duquel il y a un magnifique château converti en mosquée par Aureng-Zeb. Le nabab actuel réside à *Luknow*, qui par cette raison est devenue la capitale. Cette ville est grande, mal bâtie, et fort sale; elle est située à droite du Gaoumty, navigable pour les bateaux de moyenne grandeur, et qui se réunit au Gange, entre Bénarès et Ghazypour. Luknow communique avec son faubourg par un pont de bateaux. Cette ville renferme quelques beaux édifices. Le palais du nabab est situé sur une hauteur et entouré de jardins. On trouve à Luknow des fabriques d'indigo. Les environs sont couverts de plantations. Cette province ne laisse pas d'être considérable par son étendue, depuis qu'on y a réuni le *Rohilkend*, vaste territoire situé à l'est du Gange et au pied des monts Kemaoun. La plus ancienne ville du Rohilkend est Sumboul, entourée d'un mur de briques avec un temple très révéré des Indous, avant qu'il eût été converti en mosquée. Mais la capitale est Mustafabad, sur la rivière de Cassillah. Cette place a quatre milles de tour, et est ceinte d'un mur épais, ou plutôt d'une haie épaisse de bambous.

La province d'*Allahabad* est célèbre à cause de sa capitale située au confluent du Gange et de la Djumna. Cette position avantageuse pour la défense du pays et pour le commerce suffirait, sans doute, pour rendre la ville florissante, mais la superstition y contribue plus encore. Le fort bâti au confluent même des deux rivières est très ancien. Akbar, empereur mogol, le fit restaurer; les Anglais l'ont augmenté. La situation en est admirable. Dans la saison des hautes eaux on y jouit d'un spectacle magnifique ; d'un côté l'on voit le Gange roulant des flots jaunes et turbulens, de l'autre la Djumna limpide et paisible coulant mollement près des murs de la citadelle.

Les brahmes donnent à la ville d'Allahabad le nom de Bhas-Prayaga, ou simplement Prayaga, comme le confluent le plus grand et le plus saint du Gange avec une autre rivière. Les quatre autres Prayagas sont dans la province de Sirinagor. Celui-ci doit sa célébrité à la jonction du Gange avec la Djumna, et le Serevasti qui n'existe plus; mais les Indous prétendent qu'il vient par-dessous terre se joindre aux deux autres, et que par conséquent, en se baignant dans cet endroit, on acquiert autant de mérite que si l'on s'était plongé dans les trois séparément.

En arrivant dans ce lieu révéré, le pélerin s'assied sur le bord du fleuve et se fait raser la tête de manière que tous les cheveux tombent dans l'eau, chose d'autant plus essentielle que les vedas promettent un million d'années de séjour dans le ciel pour chaque cheveu entraîné par le courant. Après s'être fait raser, le dévot se baigne, et le même jour ou au plus tard le lendemain, il pratique les mêmes cérémonies en mémoire de ses ancêtres défunts.

Le gouvernement qui sait tirer parti de tout exige de chaque pélerin un droit de trois roupies pour la permission de se baigner. Les dons et les charités que l'on fait aux brahmes assis sur les bords du fleuve montent bien plus haut. Plusieurs dévots se privent volontairement de la vie à ce Prayage si sacré; ils pratiquent certaines cérémonies, et vont dans un bateau à l'endroit précis où les trois rivières se réunissent; ils attachent trois cruches d'eau à leur corps, puis s'enfoncent dans le fleuve. D'autres perdent la vie sans le vouloir, par l'empressement avec lequel un grand nombre se précipite à la fois pour se baigner au point sanctifié, à une période déterminée, parce qu'alors l'expiation est plus efficace. Allahabad voit chaque année près de quatre-vingt mille pélerins.

Allahabad possède de beaux édifices, des jardins magnifiques, des pagodes fort anciennes. On a réuni à cette province la partie du territoire appelée *Bundelcund*, dont les villes sont, au premier rang, *Chatterpour*, place de commerce, remplie de temples, et peuplée particulièrement de moines indous, de fakirs, et autres dévots. *Panna*, chef-lieu actuel du Bundelcund, ville grande et bien peuplée, aux environs de laquelle il y a des mines de diamans. Vient ensuite Tcheterkot, ville sainte, remplie de temples, et où le dieu Rama est censé avoir fait un séjour.

Visitons maintenant la province de *Bahar* ou Behar; c'est une des plus intéressantes de l'Indostan. La partie méridionale est désignée dans les livres sanscrits sous le nom de *Magadha*. La partie occidentale forme le petit royaume de *Bénarès*, qui, après avoir dépendu tantôt de la province d'Oude, tantôt de celle d'Allahabad, a été réunie à celle de Bahar. Le Bahar est un pays plat et fertile qui produit surtout une grande quantité de bétel, de salpêtre, d'opium et de borax.

Patna, sa capitale, située sur la rive droite du Gange, est une ville dont l'étendue, y compris ses faubourgs, est immense. Les maisons des Européens sont éparses dans un faubourg long et étroit, bâti au-dessus de la ville, le long du fleuve. Beaucoup de maisons de Patna sont en briques; un plus grand nombre est en boue, et couvert de tuiles; très peu ont des toitures de chaume. On n'y trouve qu'une seule rue de largeur passable, encore n'est-elle ni droite, ni bâtie régulièrement. Toutes les autres sont tortueuses et étroites, remplies de boue ou de poussière, suivant que la saison est pluvieuse ou sèche. Le faubourg de Marosgoughé, à l'est de la ville, renferme nombre de magasins bien bâtis, mais en matériaux très combustibles ; inconvénient qui cause de fréquens incendies, et malgré tous les soins qu'on y apporte, tous les cinq ou six ans ce faubourg est réduit en cendres.

Patna est devenue une des villes les plus peuplées de l'Indostan ; on y compte trois cent vingt mille habitans, sans y comprendre les étrangers et les domestiques qu'ils amènent à leur suite. Les Seiks ont à Patna un temple qui est pour eux l'objet d'une grande vénération. On y voit plusieurs familles arméniennes qui y sont établies depuis long-temps. Cette place fait un grand commerce avec le Népâl. L'ancienne capitale, située dans la partie méridionale du fleuve, avait le nom Bahar. Elle a laissé ce nom à la province, mais elle s'est insensiblement dépeuplée.

Nous arrivons à *Bénarès*, l'une des plus célèbres villes saintes des Indous. Située sur la rive droite du Gange, dont la largeur est, en cet endroit, de quatre milles, elle est sur une hauteur baignée par un coude du fleuve, et ses maisons s'étendent jusque sur les bords de l'eau. Des escaliers ont été construits à différentes distances pour faciliter le débarquement et les ablutions. Ils s'élèvent à trente pieds avant d'arriver au niveau des rues. La plupart sont dus à la dévotion des Indous qui regardent comme un acte de piété très méritoire d'en faire construire à leurs frais.

L'aspect de Bénarès est véritablement enchanteur. Cette ville couvre la rive concave du fleuve. Les minarets surtout produisent un merveilleux effet. Nous entrâmes dans la ville par le quartier le plus peuplé et le plus fréquenté. Les rues sont si étroites qu'un cheval peut à peine y passer sans heurter contre les murs. Les maisons, bâties en pierre de taille, en briques, ou en terre, ont des toits en terrasse, et des fenêtres très petites pour empêcher la chaleur de pénétrer dans les appartemens, et aussi pour éviter les regards du dehors. On en voit qui ont jusqu'à six étages; elles sont peintes d'une manière bizarre, et l'architecture ne nous parut pas moins extraordinaire. Chaque étage est séparé par une sorte de lambris sculpté. Les deux côtés de la rue se rapprochent tellement sur quelques points qu'on les réunit par des galeries. Plusieurs maisons neuves sont bâties sur un très bon plan; et toute la ville a une apparence de prospérité que la réalité ne dément point.

Bénarès est un lieu si saint que plusieurs radjahs indous y ont un vekyl ou intendant en résidence. Ceux-ci font, au nom de leurs maîtres, les ablutions et les sacrifices prescrits par la religion. Le pays qui environne cette ville est très fertile. Les propriétés territoriales y sont très recherchées et conséquemment très chères. On compte à Bénarès douze mille maisons en pierres ou en briques; les maisons en terre surpassent le nombre de seize mille; celui des habitans s'élève à cinq cent quatre-vingt mille, indépendamment des personnes attachées à la suite des princes mogols et d'autres étrangers qui forment près de trois mille individus. Mais à l'époque des fêtes religieuses le concours du peuple est incalculable. Dans toute cette population, il n'y a guère qu'un dixième de mahométans; le reste est composé d'Indous. On dit que huit mille maisons sont occupées par des brahmes qui reçoivent des aumônes, quoique chacun d'eux possède quelque chose.

La mosquée, avec ses minarets, a été bâtie par l'empereur Aureng-Zeb, dans le but de mortifier les Indous. Elle est sur le point le plus élevé et le plus apparent; tout près du fleuve, et pour rendre la mortification plus complète, les fondemens en ont été jetés dans un terrain sacré, où était un temple indou qui fut démoli pour faire place à la mosquée. La ville sainte fut profanée. Le temple musulman domine sur toutes les pagodes, et même sur toutes les terrasses des maisons, où les femmes ont l'habitude de prendre le frais le matin et le soir. Du haut d'un des minarets, la vue s'étend sur toute la ville, sur la riche campagne qui l'entoure, et sur le fleuve dans lequel on voit des milliers d'habitans se baigner.

Le nombre des temples érigés en l'honneur des principales divinités est très considérable. Les plus révérés sont ceux de Vichnou et de Mahadeva, ainsi que de leurs épouses, car dans ce pays les dieux ont chacun leur femme. On emploie ordinairement quinze jours pour faire les prières et les offrandes de fruits à chacun d'eux. Le premier jour le pélerin se baigne dans le puits sacré de Meunkernika, et les jours suivans dans le Gange.

Pour bien contempler l'ensemble de Bénarès, il faut être placé de l'autre côté du fleuve. On ne peut se faire une idée exacte de la beauté de sa perspective, en parcourant ses rues, ni même en la regardant du haut des minarets. Dès que nous fûmes sur la rive gauche du Gange, nous vîmes d'innombrables pagodes de toute grandeur et de toutes les formes s'élevant sur les bords, et même empiétant sur le lit de ce fleuve. Construites uniformément en pierres, et avec beaucoup de solidité, elles résistent à la violence du courant qui, dans la saison des pluies, vient les frapper. Il y en a de peintes, d'autres dorées; elles ont toutes des dômes, et comme les maisons sont généralement massives, elles forment un contraste singulier avec la légèreté des pagodes. Le nombre des Européens qui habitent cette ville est peu considérable, et on n'y voit pas un grand nombre de gens véritablement riches. Toutefois plusieurs Indous ont d'assez grandes fortunes, et sont négocians ou banquiers. Bénarès est le grand marché des diamans et des autres pierreries recueillies dans le pays de Bundelcund.

La plupart des Indous qui viennent en

pélerinage à Bénarès, n'y restent que peu de temps, et s'en retournent dans leurs familles; mais cette visite transitoire assure au pélerin l'entrée dans le ciel de Siva. Quelques-uns y font plusieurs voyages. Il y vient aussi beaucoup de gens de toutes les parties de l'Indostan, afin de finir leurs jours dans ce lieu saint. Les Indous croient même que les Anglais qui meurent à Bénarès, quoiqu'ayant mangé du bœuf, peuvent obtenir d'être absorbés dans la substance de Brahma. Ils citent même un Européen qui de cette ville alla droit au ciel; mais il paraît que celui-ci avait laissé de l'argent pour la construction d'un temple après sa mort. C'est dans toutes les religions le moyen de salut le plus efficace.

Bénarès, que nous venons de considérer comme lieu saint, est aussi très célèbre, comme siége de la science des brahmes. Indépendamment d'un collége fondé par les Anglais pour la littérature indoue, on compte dans cette ville plus de trois cents professeurs indous qui enseignent en particulier la connaissance des lois. Le nombre de leurs disciples s'élève à plus de cinq mille. Mais les professeurs n'en reçoivent aucune rétribution, dans la crainte de perdre le mérite de leur expliquer les vedas. Ils se reposent entièrement sur le produit des donations que leur font les pélerins d'un rang distingué, et sur les salaires réguliers que leur allouent différens princes indous. Le gouvernement anglais a essayé d'assurer un traitement fixe à ces professeurs; mais il n'a pu parvenir à le leur faire accepter, parce qu'alors la fonction de professeur serait considérée comme un emploi, et d'après leur opinion cesserait d'être honorable.

La seule province qui nous reste à visiter pour atteindre les embouchures du Gange est le *Bengale*. Cette contrée, que l'on peut qualifier de royaume, s'étend au nord jusqu'aux montagnes de Boutan. Du côté

CALCUTTA.

de l'est, il est séparé de l'empire birman par des fleuves et des déserts; sur la côte il y a des forêts impénétrables. Le Bengale est si bien arrosé, si fertile et si riche par ses productions et par l'industrie de ses habitans, que tous les fléaux ont en vain conspiré à le dépeupler. Il restera toujours dans un état florissant. La terre y produit en abondance du riz, du froment, du sucre, du coton, de l'indigo, du bois de sandal, de l'opium, du poivre long, des noix d'arek, et beaucoup d'autres choses recherchées par diverses nations, et transportées avec facilité jusqu'au bord de la mer, par le moyen des fleuves, rivières et canaux, dont cette province est entrecoupée. Ce pays abonde en outre en bétail et en poissons.

La capitale du Bengale, et de toutes les possessions anglaises dans l'Inde, est *Calcutta*, ville située sur l'Ougly, à environ cent milles de la mer. C'est le siége du gouvernement général. Calcutta a été bâtie au commencement du seizième siècle, sur l'emplacement du bourg de Govindpour, dans une contrée marécageuse et remplie de bois. On y compte cinq cent mille habitans. La ville est peu considérable, mais elle a des faubourgs immenses. Au premier coup-d'œil, on est frappé de l'air de grandeur de tous les édifices; non que les règles de l'art aient été scrupuleusement observées dans la construction, mais le grand nombre de colonnes, de portiques, de dômes, de portails, entremêlés d'arbres, forment un superbe tableau animé par un beau fleuve rempli de navires.

L'hôtel du gouvernement bâti par lord Wellesley est le plus beau des édifices publics; les autres sont l'hôtel de ville, le palais de justice et deux églises. Le bâtiment des employés de la Compagnie, ressemble à un misérable hôpital ou à une maison de charité. C'est là que demeurent les écrivains récemment arrivés d'Europe; ils étudient, au collége du fort William, l'indostan, le bengali et le persan. A des époques réglées, ils soutiennent un examen qui a lieu en présence du gouverneur général.

Les habitans de Calcutta appartiennent à toutes les nations du globe. Chinois et Français, Persans et Allemands, Arabes et Espagnols, Américains des États-Unis et Portugais, Juifs et Hollandais, y sont mêlés avec les Indous et les Anglais, les premiers, habitans primitifs, les autres, maîtres actuels du pays. Ce mélange de peuples qui semble devoir affaiblir les préjugés des uns et des autres, produit là un effet diamétralement opposé, au moins parmi les Anglais de la moyenne classe qui affectent une sorte de rudesse qu'ils croient apparemment propre à distinguer les conquérans de l'Inde des autres Européens qui habitent Calcutta.

Mais cette morgue qui les séquestre généralement de la société étrangère, fait que malgré leur puissance et leurs richesses, ils mènent une vie monotone et fort ennuyeuse. Naturellement enclins à l'humeur sombre que leur donne le climat sous lequel ils sont nés, le long trajet qu'ils sont obligés de faire pour venir des rives de la Tamise sur celles du Gange, y chercher fortune, ne fait qu'accroître cette disposition que la température brûlante et destructive de l'Asie achève de pousser à son dernier période. Une cause non moins forte vient encore ajouter à celle qui précède, c'est que le grand mobile qui mène les Anglais dans l'Inde est l'envie d'y faire fortune; en conséquence ils se livrent tout entiers aux spéculations du commerce. De-là vient cette tension d'esprit vers les choses sérieuses et mathématiques. Ils ne voient que leurs affaires, le reste semble leur être étranger. Le démon de la cupidité qui les tourmente sans cesse, les arrache du sein de leurs familles pour les confiner dans un comptoir où ils passent toute la journée en proie à l'ardeur des spéculations et aux inquiétudes qui en sont les compagnes inséparables.

Les négocians anglais à Calcutta ne quittent leurs bureaux que pour aller bien sérieusement, et presque toujours sans la société des dames, se promener en voiture, au coucher du soleil, sur l'esplanade qui sépare le fort de *William* de la ville. Ils observent tant d'ordre dans toutes leurs actions publiques que le concours des voitures ressemble plutôt à la marche silencieuse et régulière d'un convoi ou d'un cortége qu'au tableau toujours animé et divertissant qu'offre partout ailleurs une réunion de ce genre. Après cette promenade grave et silencieuse, ils rentrent dans leur domicile, au sein de leurs familles, et se livrent sans réserve à tous les excès de la table dont le luxe et la profusion ne sauraient être décrits. Ils n'en sortent que vers le milieu de la nuit, presque toujours en état d'ivresse, souvent même emportés par les domestiques, qui sont fort heureux que leurs maîtres ne soient pas ivres à demi, car dans leur froide brutalité, ils ont l'habitude de traiter ceux qui les servent plus cruellement que des esclaves. Ces gentlemens se couchent, s'endorment au milieu des fumées bachiques, et recommencent chaque jour exactement cette vie honteuse qui, sous un tel climat, ne fait qu'abréger le terme de leur existence.

La manière de vivre des Anglais dans la capitale des Indes, forme un contraste des plus extraordinaires avec celle des indigènes. Ceux-ci présentent sans cesse l'exemple d'une vie simple, laborieuse et sobre; les plus riches comme les plus pauvres ne se nourrissent que de riz, de racines, de poisson et de lait; ils ne font aucun usage des boissons spiritueuses qu'ils ont en horreur.

L'Européen aisé peut se procurer à

Calcutta une existence supportable et paisible, s'il est assez raisonnable pour éviter la fréquentation de la haute société, qui conduit à tous les genres d'excès, et entraîne à des dépenses ruineuses ; mais l'on trouve ici, comme ailleurs, des gens qui, en vous faisant des avances, ne font que précipiter la ruine de ceux qui ont recours à ce genre de service. Cette espèce d'hommes officieux sont connus sous le nom de *sercards*. Ils sont instruits des prix des différens bazars, et toujours la bourse à la main, ils ont l'air de devancer tous vos désirs, lorsqu'ils savent que vous avez des moyens pécuniaires connus, ou des espérances certaines.

Par exemple, un jeune Anglais qui arrive à Calcutta sans argent, mais commissionné par la Compagnie, surtout pour un emploi dans le civil, voit le sercard lui ouvrir son coffre-fort, après que par un acte passé entre eux, suivant les formes, il a consenti à ce que son bailleur de fonds touche exactement et sans restriction, tous les émolumens de la place qu'il vient occuper. Cependant les années s'écoulent, les revenus de l'employé trop confiant et déjà plus que dupe, augmentent rapidement; mais les dépenses croissent en proportion; il ne peut se défendre d'un grand étalage, et d'un luxe auquel il s'est livré trop légèrement, dans l'espérance de s'élever avec plus de rapidité en fréquentant la haute société. Pour soutenir le même train il se met de plus en plus dans la dépendance de son sercard qui, après s'être enrichi de ses dépouilles, l'abandonne tout-à-coup à la moindre chance défavorable, et précipite sa ruine.

Vous ne serez pas fâchée de trouver ici une description succincte des édifices de Calcutta. Celui que l'on nomme le palais, ou l'hôtel du gouvernement, s'élève au milieu d'une vaste pelouse qui conserve en tout temps une agréable verdure. Son architecture est aussi noble qu'élégante. Il est de forme octogone; tous les angles sont marqués par des pavillons liés par des corps-de-logis à galeries et à colonnades, soutenues d'un rez-de-chaussée massif. Le corps de l'édifice se termine en algamasses, ou terrasses décorées de frontispices et de galeries. On pénètre dans ce palais, qui peut rivaliser avec les plus renommés de l'Europe, par plusieurs escaliers, mais celui de l'entrée principale passe pour un chef-d'œuvre en ce genre. Il part d'une base qui a plus de cent pieds, et s'élève par une progression douce et agréable jusqu'au dessus du rez-de-chaussée. Il se termine par une plate-forme sur laquelle s'élève un péristyle magnifique, dont les colonnes sont d'ordre corinthien, ainsi que celles qui, de cette entrée, conduisent à la salle du trône qui offre un aspect imposant.

La magnificence qui règne dans l'intérieur de ce palais répond à son extérieur. Cet édifice est dégagé par des cours immenses entourées d'une grille. Quatre portes ou arcs de triomphe surmontés de lions et situés aux points cardinaux en forment les entrées. Une garde nombreuse composée de soldats européens et de Cypays, milice native, veille à la sûreté du palais qui, aux époques fréquentes de grandes réceptions ou de fêtes, offre surtout pendant la nuit le tableau fidèle de ces lieux enchantés que les romanciers se plaisent à inventer et à décrire. En effet, rien n'est plus imposant ni plus magnifique que l'appareil éclatant déployé par le vice-roi des Indes dans les jours de solennité, et particulièrement lorsqu'il est question de recevoir un nabab ou un souverain natif.

Le palais du gouvernement donne au midi sur une belle plaine qui se projette à l'occident de la ville, et s'abaisse ensuite en pente douce vers le fleuve. Elle est sillonnée dans toute son étendue, qui peut avoir trois lieues de tour, par des routes circulaires bien entretenues et souvent couvertes de voitures, de palanquins et de milliers de piétons. Au nord il est cerné par une rangée de maisons à algamasses et à colonnades, parmi lesquelles on remarque la belle architecture du palais de justice, ainsi que celle de l'hôtel-de-ville et d'autres de construction aussi régulière. On voit vers le levant d'élégantes maisons de particuliers séparées par des chaumières indiennes.

Non loin de-là, on distingue un immense corps-de-logis appelé *gelle* ou prison. Il est entouré d'un double mur. Cet asile de douleur contraste singulièrement avec les objets qui l'environnent. C'est là que l'on entasse les prisonniers pour dettes, que des créanciers aussi avides qu'inexorables font souvent mourir. La détention, dans ces lieux horribles, n'est pas toujours le fruit d'une mauvaise conduite ; d'autres causes peuvent y précipiter des citoyens estimables, de malheureux pères de famille; et l'on y voit souvent des détenus bien plus honnêtes que les méchans adroits qui les ont fait condamner à cette affreuse captivité, en surprenant la bonne foi des juges. Ne croyez pas que cette prison ait la moindre ressemblance avec celles qui en Europe sont destinées au même usage. Ces dernières seraient des lieux de délices en comparaison de celle dont je viens de parler. Mais détournons nos regards de ces tristes objets, et allons voir la course de chevaux dont les Français, depuis quelques années, ne sont guère moins amateurs que les Anglais mêmes.

Autour d'une plaine, dont l'étendue présente une circonférence d'environ six milles, est un chemin régulier défendu extérieurement par une légère balustrade que les piétons ne doivent jamais franchir; c'est le lieu destiné à la course. Un pavillon élégant soutenu par des colonnes marque le point de départ des coureurs, et c'est aussi dans ses galeries que se placent les parieurs et les musiciens qui doivent signaler, par de bruyantes fanfares, les différens vainqueurs. En face de ce pavillon, il s'en élève un autre d'une architecture plus distinguée. Les tribunes dont il est orné reçoivent, les jours de grandes courses, le lord gouverneur et les personnes de sa suite. A droite et à gauche s'élèvent des amphithéâtres où se placent les spectateurs européens qu'attirent toujours les courses de chevaux, si en usage chez les Anglais, mais plus particulièrement à Calcutta, où elles sont réellement dignes d'être vues, et dans lesquelles on voit des parieurs tellement passionnés, qu'ils y exposent toute leur fortune, qui dépend alors du plus ou moins d'agileté d'un cheval et de l'habileté d'un jockei. Le flegmatique Anglais est celui qui se livre avec le plus d'ardeur à cette manie.

Ce n'est pas sans raison que l'on vante

Calcutta. On y trouve tant d'objets intéressans, que pour la connaître, il faut y faire un assez long séjour. Le fort William, l'unique défense de cette grande ville, est vraiment curieux. Il offre extérieurement un superbe coup-d'œil; ses remparts, qui s'étendent jusqu'aux bords du Gange, sont couverts de gazon. On croirait voir une ville agréable et bien bâtie plutôt qu'un fort, tant il renferme d'élégantes maisons et de grands édifices, dans une enceinte de trois à quatre milles de circonférence, formée par un polygone régulier qui reçoit, dans ses différens ouvrages et bastions, plus de trois cents pièces d'artillerie, qui battent dans toutes les directions. Les remparts, sur lesquels elles sont placées, sont vantés et offrent des casemates à l'épreuve de la bombe.

Après avoir franchi sur des ponts bien entretenus un double et large fossé, on arrive aux derniers retranchemens du fort, dont les talus sont couverts d'une pelouse au-dessus de laquelle s'élève une belle plantation d'arbres. On entre par huit portes d'une architecture massive, et l'on est vraiment étonné, lorsque parvenu dans l'intérieur, on voit l'ordre, la propreté et la distribution qui y règnent. Ici, sont des casernes qui ressemblent à des palais; plus loin, une place d'armes à laquelle on arrive par des chemins tirés au cordeau, sablés et bordés d'arbres ; et, chose peu ordinaire dans ces sortes de lieux, on jouit de la vue pittoresque d'une quantité de jolies maisons à colonnades, et séparées par des jardins. L'hôtel du gouverneur est aussi remarquable par les belles proportions de son architecture que par les corps-de-logis qui en dépendent. Il s'y trouve une salle d'armes magnifique et entretenue avec le plus grand soin.

Le fort William peut passer pour une des merveilles en ce genre. Il pourrait, en cas d'invasion ou de prise de la ville de Calcutta, contenir dans ses remparts, toute la population anglaise; plus une garnison de dix mille hommes, et des approvisionnemens pour plus d'une année. Mais il faut convenir que le luxe asiatique qui règne dans cette partie du monde, surtout parmi les Anglais, a singulièrement nui à ses moyens de défense, en les portant à faire d'un fort qui devrait être imprenable, une ville régulière et charmante, où les militaires de toutes armes s'énervent au sein de la plus honteuse débauche. C'est au fort William que la haute société de Calcutta cherche quelquefois à se distraire de l'ennui qu'elle éprouve, et qui la suit partout. On y voit, sur le déclin du jour, les heureux du siècle se promener en voiture dans l'enceinte de la forteresse avec tout l'étalage qui accompagne l'orgueil et la richesse, et s'arrêter ensuite près de la place d'armes, pour y entendre la musique militaire.

En revenant d'une promenade, nous passâmes près du cimetière anglais qui a plusieurs acres d'étendue. Il est si rempli de colonnes, d'urnes et d'obélisques, que l'on aurait peine à y ériger quelques monumens funéraires de plus. C'est comme une ville de morts. Il s'étend de chaque côté de la route; au-delà on ne voit rien. La plupart des personnes qui y sont enterrées étaient à peine âgées de vingt-cinq ans. Il s'en faut beaucoup que le climat du Bengale convienne à tous les tempéramens, sans compter que l'éloignement de son pays natal cause au plus grand nombre d'individus une sorte d'ennui qui les ruine sourdement, et que l'appât de la fortune qui les a conduits dans ce pays n'est pas capable de surmonter. On ne saurait croire combien de jeunes-gens ont expiré dans ces pays entièrement isolés, et privés des soins et des consolations qui seuls, sans autre remède, auraient contribué à leur conserver l'existence.

De Calcutta, lieu de notre séjour, nous sommes allés visiter *Chandernagor*, afin de nous retrouver avec des compatriotes; c'est une jouissance dont on ne peut se faire une idée que quand on est comme nous fort éloigné de son pays. Cette colonie française, jadis florissante, n'offre aujourd'hui que l'ombre de ce qu'elle était dans le temps où le fameux Dupleix l'administrait pour la France, et était parvenu, par ses talens et son énergie, à y balancer la puissance des Anglais dans l'Inde. Depuis la reprise de possession de cette colonie par les Français en 1816, elle n'a pu faire aucun progrès vers le but que la France s'était proposé, en en obtenant la restitution. Ce but naturel était d'y rétablir son commerce dans cette partie du monde; mais soit que cette colonie ne nous ait été rendue qu'à condition de n'en tirer aucun parti, soit que les colonies lointaines ne conviennent pas à la France, il est certain que le système administratif établi à Chandernagor n'est nullement propre à faire prospérer cet établissement, aussi ne fait-il que végéter.

A notre retour à Calcutta, nous visitâmes le jardin des plantes, l'un des plus beaux établissemens de cette capitale. Il renferme non-seulement les plantes les plus rares d'Europe, mais les végétaux les plus précieux de toutes les parties du monde. Les allées en sont très bien plantées, et offrent un ombrage aussi utile qu'agréable. Le principal édifice est d'une architecture élégante, comme la plupart des édifices européens de l'Inde. Il a pour dépendances de vastes corps-de-logis servant de serres, et destinés au classement des différentes parties de la botanique.

Calcutta possède une société savante, une université anglaise, et des manufactures de toutes espèces d'étoffes. Les fabriques en tout genre y sont en grand nombre. On y voit des maisons de commerce de diverses nations: anglaises, indiennes, portugaises, arméniennes, grecques, etc. Les plus gros navires remontent le fleuve jusqu'à la ville. Le commerce d'exportation et d'importation y est considérable; mais on assure qu'il est considérablement diminué de ce qu'il était autrefois. Le vrai est que ce commerce n'est jamais plus florissant pour les Anglais dans l'Inde, et dans tous les pays d'outre-mer, que quand ils sont en guerre avec les nations commerçantes de l'Europe, parce qu'alors ils ont un prétexte pour s'emparer du commerce exclusif, ce que la bienséance ne leur permet pas de faire en temps de paix. C'est pour cette raison qu'ils ne manquent pas la moindre occasion d'amener la guerre, et qu'ils en suscitent quand il ne s'en présente pas naturellement.

Les marais qui environnent cette capitale en rendent l'air un peu épais, et les routes qui y conduisent sont fort mauvaises. Mais le mouvement et l'activité qui règnent à l'entour, l'immense quantité de grands vaisseaux de la Compagnie, les divers navires étrangers, les canots pittoresques des Indous avec leurs cabanes flottantes, les canots de plaisir des Anglais qui aiment les promenades sur l'eau, tous ces bâtimens, grands et petits que l'on voit constamment sur le fleuve, font oublier les inconvéniens d'un air plus ou moins malsain. On trouve aussi dans la ville même des moyens de récréation, surtout le soir dans la grande rue, où les équipages multipliés se succèdent, et se surpassent les uns les autres en richesse et en éclat. C'est à qui étalera le plus grand luxe.

Jusqu'ici je ne vous ai parlé que de la capitale du Bengale, de ses établissemens, de son commerce, de la vie des Anglais, je vais maintenant vous tracer le portrait des hommes et des femmes bengalais. Les uns et les autres sont de couleur olivâtre foncée. Les hommes sont d'une taille au-dessus de la moyenne; plusieurs atteignent même la plus haute; alors ils sont élancés, souples, maigres. Leur démarche est lente, leur constitution si fragile que ceux qui jouissent de la meilleure santé ont toujours l'air d'être malades. Ce n'est point une exagération que de dire qu'un seul Européen bien déterminé serait capable de vaincre dix Bengalais des plus robustes. Nés sous un climat brûlant, ils mettent l'indolence qui en est le résultat au nombre de leurs jouissances, et s'y livrent sans réserve. Toute l'activité dont ils sont susceptibles, réside dans leur imagination qui est très ardente. Cette disposition les éloigne de tout travail pénible. Sobres, économes à l'excès, ils parviennent facilement à se procurer une existence conforme à leurs désirs modérés. Leurs traits sont réguliers et fins, et empreints de la passion du gain.

Les Bengalais ont les cheveux d'un noir d'ébène, plats et luisans; ils les entretiennent avec une huile extraite du cocotier ou de l'essence de girofle. Cependant on en voit beaucoup qui ne conservent qu'une simple touffe de cheveux sur le sommet de la tête, ceux-là sont la plupart des musulmans. Quoique basanés, leur physionomie est si mobile, que toutes les passions s'y peignent aussi bien que sur la figure européenne la plus expressive. Leur regard est avide et perçant; ils sont, comme tous les habitans des tropiques ou des climats chauds, très gesticulateurs, et leur pantomime exprime parfaitement leur pensée. Exempts de l'ambition qui porte aux choses grandes et extraordinaires, ils n'ont que celle qui convient à leur caractère nonchalant, mais ils naissent avec un goût prononcé pour le commerce, et avec une ame capable de sentir toutes les douceurs de l'amitié et de l'amour.

Cependant les qualités que donnent en Europe ces deux sentimens, s'offrent dans l'Inde sous des formes moins séduisantes. L'Indien est tyran dans ses plus tendres et dans ses plus intimes affections ; son extrême jalousie empoisonne chez lui les bienfaits de l'union conjugale et les épanchemens de l'amitié. L'or qu'il a déifié rend son ame vénale et incapable de cette noblesse de sentimens, d'où découlent tant de vertus. Ne pouvant s'élever, l'Indien s'abaisse et rampe ; dominé par la crainte, il se courbe sous le joug de l'adulation la plus servile. Mais, chose ordinairement assez incompatible, il sait allier à ces défauts la douceur et quelques-unes des vertus privées ; car s'il ne fait pas tout le bien qui est en son pouvoir, il conçoit difficilement le mal. Cette irrégularité de caractère prend sa source dans une religion basée sur le fanatisme le plus outré, et par conséquent pleine de contradictions. Car, en même temps qu'elle lui défend de répandre le sang humain et celui des animaux, elle l'oblige à se martyriser impitoyablement à certaines époques de l'année. Ainsi, celui qui craint de détruire le moindre animal est assez imbécile pour se faire des macérations, des blessures qui souvent l'estropient pour le reste de ses jours, ou qui le conduisent au tombeau, et tout cela pour plaire à des divinités qui ne sont propres qu'à inspirer le plus profond mépris.

Le Bengalais a une élocution facile et parle avec beaucoup de volubilité; sa langue est douce et s'apprend aisément. Il saisit à son tour, avec une intelligence étonnante, le mécanisme des langues européennes, dont ceux qui se livrent au commerce font une étude particulière, et qu'ils prononcent sans aucune espèce d'accent. Mais la langue française est celle qu'ils apprennent et qu'ils parlent avec le plus de plaisir. Enfin de tous les hommes mulâtres ou noirs connus, les Indiens sont, malgré leurs imperfections, ceux dont le physique et le moral offrent le plus de similitude avec les Européens.

Le costume des riches comme celui des

pauvres est de la plus grande simplicité ; il consiste en un long tissu blanc de cotonnade ou de mousseline, qu'ils drapent avec assez de goût, et à la façon antique, autour des reins, de manière qu'il couvre largement la partie inférieure du corps jusqu'à mi-jambe, pour remonter ensuite en écharpe sur l'une des épaules. Les indigens ont ordinairement la tête nue; mais ceux qui se vouent au service d'autrui, les lettrés et les brahmes, se distinguent entre eux par la manière de mettre et d'arranger la toque ou le turban; surtout les brahmes qui les portent plus aplatis, plus larges, et généralement faits avec une bande de mousseline entrelacée avec un schall. La couleur blanche est celle préférée par la première caste; mais dans la caste secondaire, la coiffure est tout simplement en grosse mousseline, ou toile de coton blanche, rouge ou bleue. Tous ont pour chaussure des sandales plus ou moins riches, tissues de soie, d'or et d'argent, et dans lesquelles le pied tient à peine. Les brames seuls ont le droit de porter autour du cou un petit collier de perles ciselées qu'ils affirment être du bois sacré, où le grand Brahma apparut pour la première fois aux yeux de ce peuple idolâtre. Ce simulacre d'une haute distinction les rend vains, orgueilleux, et les fait révérer des castes inférieures.

Il me reste à vous parler des femmes nées dans le Bengale. Bengalies ou musulmanes, leurs formes sont généralement séduisantes; elles sont belles et bien proportionnées; leur démarche est à la fois élégante et majestueuse, l'expression de la volupté respire dans tous leurs traits, et leurs grands yeux noirs, ombragés d'une longue paupière, expriment fortement la tendresse. On regrette en les voyant qu'elles soient privées de cette blancheur qui distingue les femmes européennes. On a peine à s'accoutumer à ce teint cuivré dont les plus grandes beautés de l'Inde ne sont pas exemptes. Du reste elles ne le cèdent en rien à celles d'Europe pour les qualités morales; elles ont aussi cela de commun qu'elles sont très coquettes, et très recherchées dans leur toilette, bien que leur costume ne consiste, comme celui des hommes, qu'en draperies plus ou moins élégamment arrangées; avec cette différence qu'elles couvrent une cabaille ou justaucorps, et un pantalon fort large. Cette partie de l'habillement est plus en usage chez les femmes musulmanes que chez les Bengalies. Mais bien que le costume soit le même, la qualité plus ou moins fine des étoffes annonce, dans l'Inde comme ailleurs, la différence des fortunes et des rangs.

Les Indiennes tiennent singulièrement à la beauté de leurs cheveux, et en ont le plus grand soin. Elles les réunissent derrière la tête en tresses tournées sur elles-mêmes, et maintenues avec de grandes épingles d'or ou d'argent; elles y mêlent des fleurs jaunes, rouges et blanches, mais en guirlandes, ce qui forme contraste avec leurs cheveux qui sont d'un noir d'ébène, et d'un luisant que leur conserve l'essence de girofle dont ils sont enduits. Elles se couvrent très souvent la tête d'un schall rouge ou blanc, particulièrement à la vue des étrangers, auxquels elles savent dérober leur figure, à l'aide de ce même schall qui les empêche d'être vues, sans cependant nuire à leur curiosité.

Une singularité remarquable dans la toilette des élégantes de ce pays, consiste dans les manières dont elles placent leurs bijoux. Non contentes d'avoir les mains couvertes de grosses bagues, et de porter aux oreilles de grands et lourds anneaux, elles en mettent au nez, et quelquefois à la lèvre inférieure. Enfin elles ont toujours les poignets et le bas de la jambe entourés de deux ou trois bracelets d'or ou d'argent massif.

Les Indiens, dont l'origine se perd dans

la nuit des temps, sont réellement curieux à observer sous tous les rapports, mais on ne les connaîtrait que très imparfaitement si on se bornait à les étudier dans la capitale du Bengale, dont la diversité des habitans permet à peine de distinguer les indigènes. Ce motif nous a déterminés à visiter les Aldées ou villes natives. Elles sont bâties sur les bords des étangs ou des rivières, et entourées de petits bois taillis, au dessus desquels s'élèvent des palmiers ainsi que les flèches des pagodes consacrées à Brahma. La douceur du climat dispense les Indiens de ces habitations solides, indispensables dans les pays septentrionaux. Aussi leurs demeures, semblables à de grandes chaumières, sont presque toutes construites en bambous et couvertes de paille, de feuilles de latanier ou de cocotier. Les façades en varangues reçoivent des parquets en treillage peu élevés au-dessus du sol; on les couvre de nattes en rotin, et ces nattes servent à s'asseoir et à se coucher, positions dans lesquelles ce peuple se plaît beaucoup. On en voit à chaque pas des groupes qui offrent l'image d'une vie nonchalante et voluptueuse. Ils s'étendent sans vêtemens sur des nattes, à l'ombre des bambous ou des acacias qui ombragent leur demeure et les environs, et passent ainsi leur vie dans la mollesse la plus honteuse.

Les maisons des riches Indiens et celles des castes supérieures sont d'une construction agréable : elles sont de briques revêtues de stuc et ornées de colonnes. On n'y pratique que peu d'ouvertures, encore sont-elles très petites, aussi l'intérieur est-il toujours sombre; il y règne un jour mystérieux, un air humide et malsain; mais il s'y trouve un endroit bien clos, interdit aux étrangers. C'est là qu'habitent en plus ou moins grand nombre, selon la richesse du maître, de malheureuses femmes séquestrées de la société et consacrées aux plaisirs d'un imbécile qui ne connaît pas d'autre jouissance, pour qui la lecture et le travail n'ont nul attrait, et qui ne semble être né que pour végéter comme les arbres qui lui prêtent leur ombrage. Ces hommes, lâches par caractère, ne possèdent aucune de ces qualités nobles et généreuses qui distinguent l'habitant des contrées européennes.

Les femmes des riches Indiens passent leurs jours dans le silence et l'ennui des harems au-delà desquels on ne les laisse jamais porter leurs regards ; mais celles des castes inférieures ont la liberté de sortir. Il est vrai qu'elles ne sortent que voilées, et pour vaquer aux travaux pénibles du ménage, ou pour aller puiser de l'eau qui doit servir à la purification de leurs époux qui, presque toujours oisifs, attendent couchés sur leur natte, et fumant leur pipe, que les femmes leur apportent tout ce qui est indispensable à leur existence.

Les maisons sont tellement rapprochées dans les petites villes, et la population y est si nombreuse que l'on y circule avec peine. Il y a cependant dans toutes une rue principale, au milieu de laquelle est une place où se trouve le bazar, lieu de réunion pleine d'attraits pour les Bengalais, qui s'y rassemblent fréquemment, et où il règne une grande confusion.

Au centre de ces villes on rencontre communément un grand hangard, espèce de toiture soutenue par des colonnes, près de laquelle on voit une pagode, ou une idole d'argile ou de bronze. Ce lieu est consacré à la prière du matin et du soir. On y salue le lever et le coucher de l'astre que l'on y adore. Les fakirs et les brahmes y prononcent des discours puisés dans le livre saint, ou improvisés. Quelquefois électrisés par la force du fanatisme, ils deviennent semblables à de vrais inspirés. A leur voix, les stupides Indiens rassemblés en foule se prosternent, se frappent le front et la poitrine, et bientôt leurs voix confondues font entendre des chants tout-à-fait barbares. On dirait, à les voir, que ce sont de vrais énergumènes.

On vante avec raison le sol de l'Inde et la sobriété des peuples de cette région. Il semble que chaque individu devrait y être, sinon riche, au moins dans l'aisance, mais il s'en faut beaucoup que cela soit ainsi. Les chaumières présentent communément le triste spectacle de la misère. La plupart tombent en ruines. On voit des familles nombreuses entassées dans des demeures humides, et offrant l'affligeant tableau du besoin et de la pauvreté, tandis qu'autour d'elles tout semble respirer l'abondance. Mais les produits de ces champs fertiles sont dévorés par l'ambition des Anglais qui laissent à peine aux indigènes de quoi exister. La Compagnie peut être comparée à une plante malfaisante qui, en s'étendant, ruine le sol sur lequel elle vit. Elle épuise les trésors de l'Inde par ses besoins toujours croissans, et rend les peuples malheureux.

Le sucre, l'indigo et le coton sont les principales denrées qui ont attiré les commerçans européens dans l'Inde. Ces objets sont devenus d'une utilité si générale qu'ils suffisent presque seuls pour procurer des gains considérables, à ceux qui les exploitent. L'arbuste qui produit le coton a peu de feuilles et ne s'élève qu'à deux ou trois pieds au dessus du sol. Lorsqu'il est en plein rapport, il se couvre de gros boutons qui, parvenus à maturité, s'ouvrent et laissent voir une gousse blanche que l'on cueille avec soin, et de laquelle on sépare de petites graines noires. La récolte faite, elle est transportée par bateaux en balles non pressées dans les Aldées, qui font le commerce de la tisseranderie, et dans les villes fréquentées par les Européens, mais plus particulièrement à Calcutta, où tout se centralise. C'est là que de nombreuses presses gémissent pour réduire les bailes de coton à un volume régulier qui les rend plus susceptibles d'être chargées à bord des vaisseaux destinés aux voyages d'Europe.

Les deux autres branches d'industrie, le sucre et l'indigo, demandent plus de soins et des capitaux plus considérables. D'abord il faut une grande étendue de bons terrains pour la plantation des cannes à sucre; ensuite il est nécessaire d'avoir à sa disposition des magasins spacieux et bien construits. Les uns sont destinés à la sucrerie proprement dite, les autres à recevoir ses produits. Dans les premiers sont établis des cylindres qui se meuvent à l'aide d'un moulin à eau. Ils servent à passer ou à presser les cannes, dont le résidu coule dans des chaudières de forme conique, que l'on fait bouillir à grand feu pour atteindre le degré de cuisson nécessaire. Ce degré une fois obtenu, le sucre brut qui en résulte se met dans les formes pour le blanchir, après quoi on le fait sécher au soleil, en l'étendant sur des nattes placées dans un lieu assez élevé pour n'avoir point à craindre l'humidité. Cette opération indispensable achève la fabrication. C'est alors qu'on met le sucre par poids de cent ou de deux cents livres, dans des sacs doubles de vacuois, espèce de feuilles faciles à natter, ou dans des canastres cylindriques faites de petites lattes de bambous entrelacées.

La fabrique de l'indigo offre encore plus de détails. La plante que l'on y emploie pousse assez vite. Elle a quelque ressemblance avec la luzerne, et le feuillage dont elle se couvre est si touffu, qu'il peut fournir deux coupes par année. La plus haute crue de cette plante est de dix à douze pieds; mais on ne la laisse venir à cette hauteur que pour en avoir la graine, autrement on la coupe dès qu'elle a atteint six pieds. Alors on la transporte par bottes dans des bassins carrés appelés *trempoirs* sur lesquels traverse un madrier qui sert à appuyer des arcs-boutans, lesquels font force sur des planches à taques posées horizontalement sur les branches d'indigo. On lâche les tuyaux d'un grand bassin, et l'eau qui s'introduit dans les trempoirs fait égoutter ces mêmes branches, au point qu'après avoir été pressées pendant vingt-quatre heures, il en sort une eau verte que l'on fait couler dans des réservoirs profonds, assez improprement appelés *cuves*. Il s'y élève une manivelle faite à claire-voie et d'une dimension à peu près égale à la surface des cuves. On la fait agir perpendiculairement à l'aide d'un levier mu par des bras ou par des bêtes de somme. Elle sert à battre pendant dix-huit ou vingt heures cette eau verte, de laquelle se détache insensiblement une fécule bleue, dont on facilite encore l'extraction, en jetant de l'eau de chaux et de l'huile dans les cuves, au fond desquelles se précipite la matière essentielle de l'indigo.

Quand on la croit suffisamment battue, on l'introduit, en lâchant de larges robinets dans des cônes en maçonnerie désignés sous le nom de *diablotins*. Ils servent à la dégager d'une partie de l'eau qui s'y trouve encore. Après quelques heures d'épuration, ils contiennent une pâte liquide et bleue que l'on transvase dans des sacs de nankin. On les laisse ensuite égoutter pendant vingt-quatre heures. La pâte devenue plus ferme s'étend en carrés parfaits sur des tables criblées et dispersées en manière de presses qui ne peuvent se rapprocher entre elles qu'à trois pouces de distance. A l'aide de ce dernier moyen, on vient à bout d'extraire entièrement l'eau de la pâte qui ne se compose plus que de la matière essentielle de l'indigo. Alors on lève la planche supérieure de la presse, et avec de grandes règles, et des couteaux de bois, on coupe cette matière tout-à-fait solide en petits pains égaux d'environ deux pouces et demi. On termine l'opération en les plaçant avec soin sur des planches posées horizontalement et à distances égales dans de grands ateliers appelés *sécheries*. Elles sont bien opposées au soleil, et l'air y pénètre facilement. Les pains reconnus bien secs sont arrangés par couches dans des caisses de forme longue, et dont la valeur est déterminée par la qualité de l'indigo qu'elles renferment; qualité qui dépend bien plus du terrain sur lequel la coupe s'est faite que de l'art du manufacturier.

Ces différentes fabriques occupent un nombre considérable d'individus. Elles font vivre une partie de la classe indigente, et quoique la caste des *coulis* ou manœuvres soit très nombreuse au Bengale, les propriétaires des manufactures y emploient aussi des bœufs et des éléphans; surtout ces derniers animaux qui sont d'une intelligence étonnante, et dont la patience et la douceur sont telles qu'ils se laissent conduire par des enfans.

Comme tous les peuples voisins de la mer ou des grands fleuves, les Indiens sont naturellement portés à la navigation. Parmi les castes qui se livrent à cette profession, on distingue les *Telingas*. Ces hommes, de couleur plus foncée que celle des autres peuples de l'Indostan, sont aussi d'une constitution moins faible; ils ont même l'agilité, la hardiesse et l'adresse nécessaires pour l'art dangereux qu'ils exercent, mais il ne faut pas qu'ils s'écartent du Gange, ou des rivières qui s'y joignent. Ils sont tout-à-fait hors d'état de diriger les manœuvres en pleine mer, et s'il arrive que quelque accident les entraîne, ce sont autant de barques et d'hommes perdus. Ces barques, quelle que soit leur dimension, sont d'une construction peu élégante, et peu propres à fendre les eaux. L'art de construire des bâtimens est encore chez eux ce qu'il était à sa naissance, car il n'a pas fait le moindre progrès; et les superbes modèles que les Européens de toutes nations ne cessent de leur offrir depuis plus d'un siècle, ne paraissent pas même avoir attiré l'attention des navigateurs bengalais, qui tiennent si fortement aux usages que leur ont transmis leurs ancêtres qu'ils sont ennemis de toute innovation. Ils emploient, dans leurs constructions, le bois de teck qui est plus dur que le chêne, et résiste aux outrages de la mer et du temps. Ce bois se trouve en abondance dans les forêts orientales et occidentales de l'Inde.

La marine des Telingas et des Bengalais s'équipe généralement à peu de frais; mais aussi les bâtimens et les barques restent en route, ou périssent à cause du peu de solidité de leur mâture, de leurs agrès, et de la mauvaise qualité de leurs voiles, faites en coton ou en tissu grossier appelé *gounis*, et qu'un vent de moyenne force met aisément en lambeaux. Malgré tous ces désavantages, le commerce maritime est très actif; il emploie un grand nombre de familles qui vivent toute l'année à bord de leurs barques, leur unique asile, qu'ils ne manquent jamais de mettre sous la protection d'une de leurs divinités, parmi lesquelles ces nautonniers distinguent le coq de bataille, le serpent à sonnettes et le crocodile.

Les navigateurs telingas et bengalis, incapables de naviguer en pleine mer, gouvernent leurs barques sur le Gange avec une merveilleuse adresse. Ils s'abandonnent avec toute sécurité à son cours dangereux, et savent éviter les gisemens sinueux des rives par différentes manœuvres également admirables. Les uns, destinés au transport des cargaisons d'exportation, dirigent leurs barques longues et *gondolées* vers de gros vaisseaux anglais, ancrés vis-à-vis les établissemens européens; les autres, sur de plus légers bateaux, les font entrer, à pleines voiles ou à la rame, dans des bras de rivières ou dans de petits ports, et vont confondre leurs mâts avec les toits de chaume des cabanes des aldées situées sur la rive, et avec les palmiers et les bambous qui l'ombragent.

A peine les voit-on arriver que la plage se couvre de monde; l'activité devient générale; on met les petites cargaisons à terre, elles se composent ordinairement de toileries, de poteries, de grains, et de quantité d'articles propres à la consommation journalière. Tous ces objets sont aussitôt enlevés par des coulis ou manœuvres qui les chargent sur des chariots traînés par des bœufs ou par des buffles. Ce dernier animal, très commun dans l'Inde, et si utile pour la charrue et les travaux pénibles, est toutefois très dangereux; plus robuste que le taureau, il le combat avec avantage ainsi que le tigre. Il se plaît dans les étangs, où il vit aussi bien que sur le sol, car il est presque amphibie. Sa couleur est grisâtre, et sa peau est couverte, dans certaines parties, d'un poil rude et piquant; sa tête, dont le crâne est invulnérable, est grosse, et défendue par deux cornes horizontalement placées en arrière, de façon qu'il ne s'en sert que difficilement pour se défendre contre les autres animaux; mais il parvient à les vaincre par sa force qui est excessive. Un jour que nous nous promenions à quelque distance d'un étang, nous en vîmes sortir une troupe dont nous étions loin de concevoir des craintes. Mais tout à coup l'un d'eux se mit à courir sur nous d'un air menaçant, et il allait nous atteindre lorsqu'il en fut empêché par un enfant qui l'arrêta en lui parlant. L'enfant lui passa un fil dans les narines, et, soumis à son faible guide, le buffle se laissa conduire sans résistance.

Les cargaisons dont je viens de parler se transportent au bazar. Nous nous trouvâmes dans un de ces aldées précisément un jour de foire, et nous fûmes témoins de l'arrivage des barques dont les bateliers cherchaient mutuellement à se devancer pour arriver plus tôt à la place où l'on déposait les marchandises. La foule était grande, et il sortait de cet amas confus d'hommes, de femmes, de bestiaux de toute espèce, des cris aigus et des mugissemens auxquels se mêlait une musique barbare produite par des fakirs et des jongleurs qui étaient venus là spéculer sur le fanatisme ou la curiosité de leurs compatriotes.

Bientôt les Banians, rangés autour d'un enclos baigné par le Gange et formé par des cabanes en ruines, étalèrent leurs marchandises, parmi lesquelles nous remarquâmes quelques ouvrages assez curieux en soierie, en cuivre et en filigrane. Mais ce qui nous étonna, ce fut de voir exposer quantité de dieux d'argile, que l'on mettait à un prix plus ou moins élevé suivant la qualité ou la vertu de l'idole. Ces dieux vraiment bizarres avaient tous quatre ou six bras, et les figures les plus grotesques que l'on puisse imaginer; et ce qui ajoutait encore à leur monstruosité, c'est qu'ils étaient montés sur des serpens, des tigres, des crocodiles, etc. La vente de ces objets ne différait en rien de celle des denrées les plus communes. Le vendeur faisait, suivant l'usage, un éloge pompeux de sa singulière marchandise. L'acquéreur en diminuait considérablement le prix, et reléguait quelquefois au dernier rang l'idole à laquelle le vendeur avait assigné la place la plus éminente. Souvent, dans le court espace d'un quart-d'heure, le dieu passait d'une main dans une autre plus de vingt fois, et sortait presque toujours avec un bras ou une jambe de moins. Ce brocantage des divinités du Gange nous parut tout-à-fait singulier, et cadrer mal avec le fanatisme de leurs adorateurs ; serait-il donc vrai qu'il n'est point de bizarrerie dont l'esprit humain ne soit susceptible ?

Pendant que je faisais cette réflexion, je vis s'avancer un groupe de femmes assez bien vêtues de draperies rouges et blanches. La personne qui m'accompagnait me dit : *Ce sont des prêtresses de Vénus.* Une d'elles portait dans ses bras un petit dieu représentant l'amour. La fable ne produit rien de plus ingénieux. Cet enfant est à cheval sur un perroquet bigarré de mille couleurs ; il est lui-même vêtu de gaze couleur d'azur parsemée d'étoiles d'or, et prêt à décocher une flèche. Son arc est formé de fleurs entrelacées, ses flèches sont de même, sa tête est ceinte d'un turban couleur de feu, d'où pendent des grelots, et ses traits, quoique assez grossièrement façonnés, expriment cependant la volupté et une certaine finesse mêlée de perfidie. La beauté naturelle de ces femmes et l'élégance de leurs vêtemens m'avaient d'abord inspiré une espèce d'intérêt, mais cet intérêt s'évanouit lorsque j'appris que ces mêmes femmes exerçaient en Asie le métier peu honorable que la corruption de notre vieille Europe a rendu nécessaire dans toutes les grandes villes de cette partie du monde.

Il faut avoir habité Calcutta pour se faire une idée juste de cette capitale, qui présente des contrastes singuliers. Ici l'on voit des ruines ou des chaumières, là des palais ; à droite, des étangs et des égouts infects ; à gauche, des places et des bazars magnifiques. Rien n'est pénible à voir comme les immenses et populeux faubourgs de cette ville, appelée aussi la *ville noire*. Figurez-vous de misérables cabanes où sont entassées les familles indiennes, toutes couvertes de haillons ; des fabriques en ruines, des bazars en désordre, des maisons malsaines, de nombreuses pagodes, asile du fanatisme, et à l'entrée desquelles on voit des idoles qui font horreur ; au milieu de tout cela une multitude prodigieuse d'indigens, d'êtres difformes et estropiés. De ces cloaques infects, de ces rues étroites et fangeuses où l'on peut à peine circuler, s'exhalent des vapeurs qui produisent un brouillard aussi insupportable que malsain.

Les principales rues de ces faubourgs, celles où la circulation est plus facile, sont remplies de boutiques, de magasins encombrés de marchandises. On y voit de gros propriétaires, de riches Banians, assis ou couchés sur des tapis, au milieu des ballots de toile, de mousseline, de nankin, et de schalls de cachemire. C'est plus particulièrement à Calcutta que se rendent les caravanes de marchands qui partent tous les ans du Thibet, de Bénarès et de Cachemire. Elles y arrivent par eau ou par terre, et vendent aux Banians de cette place les riches et rares produits de leurs manufactures, pour lesquels ils reçoivent en échange des piastres, des roupies, des bijoux, du vieux cuivre, et du girofle, dont les Indiens font une huile avec laquelle ils s'oignent le corps et les cheveux, et qu'ils emploient aussi dans leurs alimens. Ils transforment les piastres et les roupies en lingots ou en idoles, et font avec le vieux cuivre des vases de toutes dimensions, qu'on appelle *panelles*.

C'est une chose assez curieuse que de voir comment se fait un marché entre le vendeur et l'acheteur. Dès que celui-ci a examiné la marchandise proposée, et la trouve à sa convenance, les deux contractans se prennent réciproquement la main, qu'un tiers couvre aussitôt d'un bout de la draperie de son vêtement, de manière que l'on ne puisse pas voir les différens mouvemens des doigts qui vont alors aussi rapidement que le dialogue qui s'établit entre le vendeur et l'acheteur. Lorsqu'ils sont d'accord, le vendeur met une pièce de monnaie quelconque dans la main de l'acheteur, et le marché ainsi conclu est encore appuyé de la signature des témoins.

Les Bengalis ont assez généralement

l'esprit propre au commerce; ils possèdent aussi au dernier degré l'art de calculer de mémoire; rarement ils prennent la plume pour s'assurer du bénéfice que leur offre l'affaire qui leur est offerte, et ils sont capables de résoudre les problèmes les plus difficiles, et d'additionner ou de multiplier les plus fortes sommes, en opérant seulement de tête, et en s'aidant des doigts de la main et de ceux du pied. Leur regard est pénétrant, et les vrais courtiers ou commerçans de ce pays le disputeraient à Lavater dans l'art de lire sur les physionomies. Ainsi l'habitant d'Europe qui a affaire à eux doit se tenir sur ses gardes, s'il ne veut point devenir leur dupe, ce qui arrive assez communément aux Européens qui vont commercer à Calcutta pour la première fois, et qu'une expérience acquise n'a pas encore éclairés.

www.ingramcontent.com/pod-product-compliance
Lightning Source LLC
Chambersburg PA
CBHW071909160426
43198CB00011B/1233